Die Tofu-Küche

Verena Krieger

Die Tofu Küche

Köstliches aus Soja

Tanner + Staehelin Verlag

 Verena Krieger ist Fachfrau für Vollwerternährung und Oekodiät. Praktische Erfahrungen hat sie während eines einjährigen Aufenthalts in Japan und sechs Jahren Tätigkeit in den USA als Köchin in einem Naturkostrestaurant, Beraterin und Kursleiterin gesammelt. Nach ihrer Rückkehr in die Schweiz hat sie bei der Lancierung von Tofu entscheidend mitgewirkt. Sie ist Autorin zahlreicher Artikel über ganzheitliche Ernährung.

Fotografien: Martin Müller
Illustrationen: Astrid Keller-Fischer

1.–4. Tausend im März 1984

© 1984 Tanner + Staehelin Verlag
Waserstrasse 16, CH-8029 Zürich, 01/55 59 29

Gestaltung, Herstellung und Umschlag: Georg Hess
Satz: Meier + Cie AG, Schaffhausen
Druck und Einband: Parzeller & Co., Fulda

ISBN 3-85931-095-X

Alle Rechte vorbehalten, insbesondere das des öffentlichen Vortrags, der Rundfunksendung und der Fernsehausstrahlung sowie der fotomechanischen Wiedergabe, auch einzelner Teile.

Bezugsquellen für Presskasten, Sojabohnen und Nigari:

Schweiz:
Oekullus
Bruchmattstr. 24
CH–6003 Luzern

BR Deutschland:
Sojaquelle
Seeonerstr. 17
D–8201 Oberbrunn Post Pittenhart

Als Ergänzung zu diesem Tofu-Kochbuch empfehlen wir Ihnen den ebenfalls in unserem Verlag erschienenen Titel: Brigitta Klaaborg, «Vegetarisches Kochbuch», ISBN 3-85931-040-2 (siehe letzte Buchseiten).

Inhalt

Steckbrief	9
Warum Tofu?	10
Verzeichnis der Rezepte	11
Zu den Rezepten	13
Massangaben	
Begegnung mit Tofu	14
Hinein ins Tofu-Abenteuer!	16
Tofu – ein Frischprodukt	18

Aufbewahren – Vorbereiten (Pressen, Abtropfen lassen, Brühen)

Roher Tofu für Kenner und Feinschmecker 20

Am Stück – Zerkrümelt – Mariniert – Tofu-Salat – Kohlrabi-Tofusalat – Rettich-Tofusalat – Griechischer Salat – Einfache Salatsauce – Tofuwürfel in Salatsauce – Tofu roh als Vorspeise – Misosuppe – Misosuppe mit Meeralgen – Martins Tofuaufstrich – Zwei Marinaden

In der Pfanne gerührt, damit man auf den Geschmack kommt 32

Rührtofu – Rührtofu mit Gemüse – Eiersalat ohne Eier – Tofu-Tätschli – Tofu-Gemüseauflauf – Kohlwickel – Grundrezept für weisse Sauce

Vermengt und geknetet ist er kaum wiederzuerkennen 41

Grundrezept für Tofuburger – To-fu-yong – Tofu-Getreide-Bratlinge – «Engel»-Tofuburger – Tofu-Backlinge mit Nüssen – Tofu-Braten mit Nüssen

Brutzeln und Braten zum guten Geraten 47

Braten – Panieren – Fritieren – Tofu-Flädlisuppe – Tofu-Schnitzel – Tofu-Schnitzel mit Senf – Tofu-Filet nach Müllerinnenart –

Panierte Tofu-Schnitzel – Miso-Tranchen – Tofu-Geschnetzeltes nach Zürcherart – Tofu-Geschnetzeltes mit Pilzen – Tofu nach Schweizerart – Tofu und Chinakohl an süss-saurer Sauce – Aubergines Orientales – Orientalisches Gemüse-Allerlei – Zucchetti mit Tofustreifen – Riz Créole – Inari Sushi – Gefüllter Tofu an Weinsauce

Von Eintöpfen und Geschmortem 64

Lageneintopf mit Grünkern – Mangold an weisser Sauce mit Tofuwürfeln – Wurzeleintopf mit Tofu – Dianas geschmorter Tofu – Tofu-Gulasch – Pot-au-feu – Matar Panir Pullao – Raita – Yudofu – Nabé

Tofu, der aus dem Ofen kommt 76

In Stücke geschnitten – Zerstossen oder in Klumpen gebrochen – Tofu vom Grill – Tofu nach Matrosenart – Tofu mit Chicorée an Joghurtsauce – Tofu mit Chicorée an Weinsauce – Timbales – Annemaries Terrine in Lattich gewickelt – Klare Sauce – Südländischer Makkaroni-Auflauf – Tofu-Manicotti – Kohlwähe – Grundrezept für Vollkornteig – Griechischer Spinatstrudel – Osterkuchen – Reisauflauf – Tofu-Apfelstrudel – Gefüllte Äpfel

Den Tofu aufs Eis gelegt 94

Das Einfrieren – Das Gefriertrocknen – Salade niçoise – Tofu-Spiessli – Panierte Schnitzel aus gefrorenem Tofu – Tofu-Stroganoff – Sauce Bolognese – Fenchelgratin – Moussaka

Die Verwandlung im Mixer 104

Tofu-Mayonnaise – Grüne Sauce – Grüne Salatsauce – Cocktailsauce auf russische Art – Kartoffelsalat – Kashasalat – Rohe Tomatensuppe – Lauch-Wähe – Apfelschnitten – Grundrezept für Haferflockenteig – Apfeltorte mit Tofu und Quark – Birnentorte mit Tofu und Quark – Kürbiskuchen – Fruchttorte mit Agar-Agar-Glasur – Tofukuchen mit Heidelbeeren – Zitronentorte – Amerikanisches Maisbrot – Kuchen ohne Eier – Rosinengugelhopf ohne Eier – Leichte Kuchenglasuren – Vermicelles – Vermicelles in Förmchen – Geschlagener Tofu – Apfelmus mit geschlagenem Tofu – Aprikosen-Mousse – Vanillecrème – Orangencrème – Tofu-Crème mit Joghurt – Tofu-Fruchtcrème mit

Joghurt – Smoothie – Tofu-Frappé – Tofu-Choco-Frappé – Grundrezept für Tofu-Eis – Tofu-Eis mit Aromen – Grundrezept für Tofu-Frucht-Eis

Tofu selbst gemacht 134

Erforderliche Geräte – Erforderliche Zutaten – Vergrösserung der Menge – Und so wird Tofu gemacht – Ertrag – Die Molke – Das Okara – Okara-Brot – Okara-Suppe – Okara-Burger – Okara-Sesam-Mais-Kräcker – Okara-Streuselkuchen – Okara-Makrönli – Okara-Krumen

Der Rohstoff – die Sojabohne 147

Von der kaiserlichen Tafel in den Futtertrog – Die Schätze ostasiatischer Überlebenskunst… – … eine Hoffnung für unsere Zeit – Der Sojaanbau in Europa – Sojabohnen aus dem eigenen Garten

Tofu als Baustein einer umweltgerechten und gesunden Ernährung 155

Natürliche Zutaten von A–Z 156

Agar-Agar – Ahornsirup – Birnendicksaft – Brühe – Buchweizen – Carob – Cashews – Datteln – Dörrobst – Eier – Gemüse, Früchte, Obst – Getreide (Grundrezept für das Kochen von Vollgetreide) – Honig – Ingwer – Johannisbrot – Kombu oder Kelp – Kürbiskerne – Kuzu – Leinsamen – Mais – Malz – Mandeln – Marantamehl – Mehl – Miso – Nüsse – Öl – Pfeilwurzelmehl – Reis – Roggen – Ruchmehl – Salz – Samen – Sesambutter – Sojafleisch (TVP) – Sojamilch und Sojajoghurt – Sojasauce – Stärkemehl – Süssmittel – Tahin und Sesambutter – Tamari – Teigwaren – Vanille – Vollkornmehl – Vollrohrzucker – Walnüsse – Weizen – Zuckerrübensirup

Tofu für spezielle Diäten 171

Übergewicht – Herz- und Kreislaufkrankheiten – Leber-Galle – Magen-Darm – Diabetes und Hypoglykämie – Rheuma, Gicht – Milchallergie und -unverträglichkeit – Säuglinge und ältere Menschen

Steckbrief

Name: Tofu (japanisch), Doufu (chinesisch), Sojaquark, Sojakäse, Bohnenkäse, geronnenes Sojafiltrat (Sachbezeichnung)

Geboren: 164 v. Chr. in China

Mutter: glycine max., die Sojabohne

Vater: Liu An von Huai-nan, chinesischer Prinz und Alchemist

Farbe, Form, Beschaffenheit: weiss, viereckig, weich und schnittfest

Gewicht: ein paar hundert Gramm

Zusammensetzung: 9,2 % Eiweiss, 4,8 % Fett, 2,6 % Kohlenhydrate, Vitamine, Mineralstoffe und Spurenelemente. 80 kcal/335 kJ pro 100 Gramm.

Beruf: Eiweiss-Speise. Wird wie Fleisch, Fisch, Eier oder Milchprodukte genossen.

Adresse: Reformhäuser, Bioläden, Spezialitätengeschäfte oder die eigene Küche.

Warum Tofu?

– Weil er gesund ist. «Als Fleisch des Feldes» bietet Tofu hochwertiges Eiweiss auf rein pflanzlicher Grundlage. Er ist leicht verdaulich und bekömmlich, enthält wenig Fett und kein Cholesterin.

– Weil er kalorienarm ist. Ein Gramm Tofu-Eiweiss bringt nur 8 kcal/34 kJ, ein Verhältnis, das praktisch von keiner tierischen Eiweissnahrung erreicht wird.

– Weil er umweltfreundlich ist. Die gewerbliche Herstellung von Tofu ist ein althergebrachtes Handwerk, das wenig Aufwand an Energie und Technologie erfordert. Die getrockneten Sojabohnen sind leicht zu lagern. Durch Mahlen, Kochen und Pressen werden sie zu Sojamilch verarbeitet. Diese wird mit Nigari (ein Bestandteil von Meersalz) zum Gerinnen gebracht und das ausgeflockte Eiweiss in Formen gepresst. Die Tofuherstellung ist auch in jeder Haushaltküche möglich.

– Weil er Kulturland spart und schont. Ein Stück Land, auf dem Sojabohnen angepflanzt werden, ergibt bis zu 20 mal mehr verwertbares Eiweiss, als wenn es zur Viehwirtschaft genutzt wird. Dank ihrer Fähigkeit, Stickstoff aus der Luft aufzunehmen, liefert die Sojapflanze ihren eigenen Dünger.

– Weil er vielseitig ist. Aufgrund seines neutralen Geschmacks sind der Verwendung von Tofu in der Küche keine Grenzen gesetzt.

– Weil er praktisch ist. Für einfache Mahlzeiten ist Tofu im Handumdrehen essbereit.

– Weil er schmeckt. Der Beweis wird seit über 2000 Jahren täglich erbracht. Tofu ist im Fernen Osten Grundnahrungsmittel von über 1 Milliarde Menschen und begeistert seit ein paar Jahren immer mehr westliche Feinschmecker.

Verzeichnis der Rezepte

Suppen und Vorspeisen
Tofu roh als Vorspeise	28
Miso-Suppe	29
Miso-Suppe mit Meeralgen	30
Zwei Marinaden	31
Tofuflädli-Suppe	49
Inari-Sushi (gefüllte Tofutaschen)	60
Timbales (Tofuköpfchen)	81
Annemaries Terrine in Lattich gewickelt	82
Rohe Tomatensuppe	109
Okara-Suppe	141

Salate
Tofu-Salat	24
Kohlrabi-Tofu-Salat	24
Rettich-Tofu-Salat	25
Griechischer Salat	25
Zwei Marinaden	31
Eiersalat ohne Eier	35
Salade niçoise	96
Kartoffelsalat	108
Kashasalat	109

Saucen, Tunken, Aufstriche
Einfache Salatsauce	27
Tofuwürfel in Salatsauce	27
Martins Tofu-Aufstrich	30
Grundrezept für weisse Sauce	40
Raita	73
Klare Sauce	83
Tofu-Mayonnaise	106
Grüne Sauce	107
Grüne Salatsauce	107
Cocktailsauce auf russische Art	108

Hauptgerichte
Rührtofu	32
Rührtofu mit Gemüse	34
Tofu-Tätschli	36
Tofu-Gemüseauflauf	37
Kohlwickel	38
Grundrezept für Tofuburger	41
To-fu-yong	43
Tofu-Getreide-Bratlinge	44
«Engel»-Tofuburger	45
Tofu-Backlinge mit Nüssen	46
Tofu-Braten mit Nüssen	46
Tofu-Schnitzel	50
Tofu-Schnitzel mit Senf	50
Tofu-Filet nach Müllerinnenart	51
Panierte Tofu-Schnitzel	52
Miso-Tranchen	53
Tofu-Geschnetzeltes nach Zürcherart	53
Tofu-Geschnetzeltes mit Pilzen	54
Tofu nach Schweizerart	55

Tofu und Chinakohl an süss-saurer Sauce	56
Aubergines Orientales	57
Orientalisches Gemüse-Allerlei	58
Zucchetti mit Tofustreifen	58
Riz Créole	59
Inari Sushi	60
Gefüllter Tofu an Weinsauce	61
Lageneintopf mit Grünkern	64
Mangold an weisser Sauce mit Tofuwürfeln	66
Wurzeleintopf mit Tofu	67
Dianas geschmorter Tofu	68
Tofu-Gulasch	69
Pot-au-feu	71
Matar Panir Pullao	72
Yudofu	74
Nabé	75
Tofu vom Grill	78
Tofu nach Matrosenart	78
Tofu mit Chicorée an Joghurtsauce	79
Tofu mit Chicorée an Weinsauce	80
Südländischer Makkaroni-Auflauf	84
Tofu-Manicotti	85
Kohlwähe	86
Griechischer Spinatstrudel	88
Tofu-Spiessli	97
Panierte Schnitzel aus gefrorenem Tofu	98
Tofu-Stroganoff	99

Sauce Bolognese	100
Fenchelgratin	101
Moussaka	102
Lauchwähe	110
Okaraburger	142
Grundrezept für das Kochen von Vollgetreide	158

Brote, Kuchen, Kleingebäck

Grundrezept für Vollkornteig	88
Osterkuchen	90
Tofu-Apfelstrudel	92
Apfelschnitten	111
Grundrezept für Haferflockenteig	112
Apfeltorte mit Tofu und Quark	113
Birnentorte mit Tofu und Quark	114
Kürbiskuchen	114
Fruchttorte mit Agar-Agar-Glasur	115
Tofukuchen mit Heidelbeeren	116
Zitronentorte	117
Amerikanisches Maisbrot	118
Kuchen ohne Eier	119
Rosinengugelhupf ohne Eier	120
Leichte Kuchenglasuren	121
Vermicelles in Förmchen	123
Okara-Brot	141
Okara-Sesam-Mais-Kräcker	142

Okara-Streuselkuchen	143	Orangencrème	125
Okara-Makrönli	144	Tofu-Crème	126
		Tofu-Fruchtcrème mit Joghurt	126
Süss-Speisen, Frappés, Eis		Smoothie	126
Reisauflauf	91	Tofu-Frappé	127
Gefüllte Äpfel	93	Tofu-Choco-Frappé	128
Leichte Kuchenglasuren	121	Grundrezept für Tofu-Eis	128
Vermicelles	122	Tofu-Eis mit Aromen	129
Geschlagener Tofu	123	Grundrezept für Tofu-Frucht-Eis	130
Apfelmus mit geschlagenem Tofu	124	Okara-Krumen	145
Aprikosen-Mousse	124	Sojamilch	166
Vanillecrème	125	Sojamilch aus Sojamehl	167

Zu den Rezepten

Sie sollen vor allem schmecken. Da Geschmäcker aber bekanntlich verschieden sind, finden die einen fade, was für andere schon zu scharf oder zu würzig ist. Deshalb sind die Gewürz- und Salzangaben eher zurückhaltend bemessen. Es ist leichter, hinzuzufügen als wegzunehmen. Passen Sie also die Mengen Ihrem Geschmack an, und scheuen Sie sich nicht, hie und da mit Ihren Lieblingsgewürzen wie Tabasco, Cayennepfeffer, Streuwürze oder Kräutersalz abzuschmecken.

■ Wo nichts anderes angegeben ist, sind die Rezepte für vier mittelgrosse Portionen berechnet.

Massangaben

EL = Esslöffel
TL = Teelöffel
Pr = Prise
l = Liter
g = Gramm
Ta = Tasse (1 Ta = 0,25 l = ¼ l)

Begegnung mit Tofu

Meine erste Begegnung mit Tofu fand auf einer Asienreise statt. In einer düsteren Ecke des grossen Marktplatzes von Katmandu priesen unbeholfene weisse Buchstaben «Soybean-Curd» an, was ich in meiner Unwissenheit mit «geronnene Sojabohnen» übersetzte. Daraufhin machte ich immer einen weiten Bogen um diesen Tofu-Laden.

In Kyoto (Japan), wo ich mich zwei Jahre später aufhielt, war es nicht mehr so leicht, dem Tofu auszuweichen. Er war dort allgegenwärtig: auf dem Gemüse- und Frischmarkt, im Supermarkt, und bald fand ich auch heraus, dass der Mann, der allmorgendlich händeklatschend die Gassen unseres Quartiers durchkämmte, der «Tofuyasan», der Tofumann, war. Wie bei uns der Milchmann versorgt er dort auch heute noch seine Kunden täglich mit frischem Tofu.

So lernte ich Tofu als Grundnahrungsmittel kennen, verarbeiten und seinen subtilen Geschmack allmählich geniessen. Zum Erstaunen der Japaner dauerte es nicht lange, bis ich ihn sogar selbst herstellen konnte. Dabei dachte ich vor allem an den eigenen Hausgebrauch, wenn ich Japan verlassen würde. Nie wäre es mir in den Sinn gekommen, dass sich eine breitere Schicht von Menschen im Westen für diese exotische Speise interessieren könnte.

Die nächsten Jahre verbrachte ich in den USA, wo ich mich in den orientalischen Spezialitätenläden ohne grossen Aufwand mit frischem Tofu eindecken konnte. Ich servierte ihn sogar hie und da meinen ahnungslosen Gästen in dem kleinen Naturkostrestaurant, welches ich inzwischen eröffnet hatte. Dabei fiel mir nichts Besseres ein, als ihn so zuzubereiten, wie ich es in Japan gelernt hatte: als rohe, weisse Würfel, mit etwas Ingwersaft und Sojasauce übergossen. Ich hatte vergessen, dass ich noch vor einem Jahr solche Würfel fast ungeniessbar fand. Kein Wunder, wenn meine Gäste den Tofu fast unberührt auf ihren Tellern zurückliessen!

Ich war aber je länger je mehr überzeugt, dass Tofu meine vegetarische Küche in idealer Weise ergänzte. Zudem musste es doch möglich sein, eine Speise, die während mehr als 2000 Jahren Millionen von Menschen genährt hat und in den besten Restaurants Ostasiens aufgetischt wird, auch meinen Gästen schmackhaft zu machen. Ich durchstöberte meine japanische Rezeptsammlung und befragte chinesische Kochbücher. Gerichte wie Inari Sushi (Seite 60) und Orientalisches Gemüse-Allerlei (Seite 58) erhielten ihren festen Platz auf meinem Menüplan. Schritt für Schritt wagte ich mich in das Tofu-Neuland vor. Da Tofu wie Fetakäse aussieht, musste er bald dazu herhalten, diesen in meinem Griechischen Spinatstrudel (Seite 88) und im Griechischen Salat (Seite 25) zu ersetzen.

Wie aber staunte ich, als Tofu plötzlich in Naturkostläden, Reformhäusern und sogar in grossen Supermärkten auftauchte. «Das Tofu-Buch» (siehe Seite 151) war erschienen und hatte über Nacht Tausende von Amerikanern zu Tofu-Anhängern gemacht, die wie ich mit grossem Eifer die kulinarischen Talente von Tofu erforschten. Innerhalb von fünf Jahren nach Erscheinen dieses Buches gab es in den USA bereits über 200 von Amerikanern geführte Tofureien, die ihr Vorbild alle in den Hunderttausenden von Betrieben sehen, die in Ostasien Stadt und Land täglich mit frischem Tofu versorgen.

Jetzt, wo der amerikanische Erfindergeist diesen Gesandten aus dem Fernen Osten entdeckt hatte, waren seiner Verwendung keine Grenzen mehr gesetzt: Tofu-Kuchen, die einem herkömmlichen Quarkkuchen in nichts nachstehen, wurden kreiert, fettarme Mayonnaisen und Salatsaucen und natürlich der «Tofuburger». Ihm stand weniger der ominöse «Hamburger» Pate als der in Japan seit Jahrhunderten geschätzte Gamno (Seite 41).

Seit kurzem hat das «Tofufieber» auch nach Europa übergegriffen, und ich bin überzeugt, dass sich Tofu auch in europäischen Küchen bald heimisch fühlen wird – nicht nur als schmackhafte Abwechslung auf unserem Speisezettel, sondern auch als echter Gewinn für unsere Gesundheit und unsere Umwelt.

Hinein ins Tofu-Abenteuer

Tofu ist ein gerissener Verwandlungskünstler. In diesem Kapitel wollen wir ihm auf die Schliche kommen, indem wir uns mit den Grundtechniken der Verarbeitung in der Küche vertraut machen. So könnte er schon bald in unseren Lieblingsgerichten Anwendung finden und uns animieren, eigene Tofurezepte zu erfinden.
Wer lieber mit fertigen Rezepten kocht, kommt im jeweiligen Rezeptteil auf seine Rechnung.

◁ Tofu-Spiessli, S. 97

Tofu – ein Frischprodukt

Fragen Sie bei Ihrem Händler, wann der Tofu jeweils geliefert wird, damit Sie ihn ganz frisch erhalten. Vielerorts ist Tofu im Offenverkauf erhältlich. Er ist dem vorverpackten Produkt geschmacklich meist überlegen. Wenn Sie Ihr eigenes Gefäss mitbringen, schonen Sie zudem die Umwelt.

Aufbewahren

Grundsätzlich sollte roher Tofu nie für längere Zeit der Luft ausgesetzt sein (auch im Kühlschrank nicht, nur im Gefrierfach; siehe «Den Tofu aufs Eis gelegt», Seite 94). Der Luftabschluss erfolgt entweder durch Wasser oder durch Vakuumverpackung. Der Tofu muss vollständig mit Wasser bedeckt sein, welches täglich gewechselt wird. So hält er sich im Kühlschrank 2–3 Wochen. Vakuumverpackter Tofu gewinnt sein ursprüngliches Aroma wieder zurück, wenn wir ihn vor Gebrauch ein paar Stunden ins kalte Wasser legen.

Wer sich die Mühe nimmt, Tofu selber zu machen, darf sich den Genuss von ganz frischem Tofu nicht vorenthalten. In diesem Fall kühlen wir den Tofu nicht im Wasser ab, sondern lassen ihn bis zum Verzehr bei Zimmertemperatur stehen – allerdings nie länger als ein paar Stunden. Reste bewahren wir wie oben beschrieben auf.

Vorbereiten

Sowohl gekaufter wie auch selbstgemachter Tofu kann in seiner Konsistenz sehr unterschiedlich sein. Diese hängt vor allem vom Wassergehalt ab: je mehr Wasser der Tofu enthält, desto weicher ist er. Für viele Rezepte ist ein fester Tofu von Vorteil. Diesen erhalten wir durch

1. Pressen

   Den Tofu auf einen flachen Teller legen und mit einem Holzbrett und Gegenständen von mehreren Kilos beschweren. Wenn der Tofukuchen sehr weich oder sehr dick ist, können wir ihn vor dem Auseinanderfallen bewahren, indem wir ihn zum Pressen in ein

sauberes Tuch einwickeln. Die Presszeit dauert so nur 20–30 Minuten, je nachdem, wie weich der Tofu am Anfang war und welche Festigkeit erreicht werden soll.

2. Abtropfen lassen
Wenn der Tofu nicht im Wasser schwimmt, gibt er allmählich sein eigenes Wasser ab und wird innerhalb von einigen Stunden fest. Etwas schneller geht es, wenn wir ihn auf ein Sieb legen. Vakuumverpackter Tofu hat diesen Prozess meist hinter sich, deshalb ist er im allgemeinen fester als offener Tofu aus dem Wasserbad.

3. Brühen
Den Tofu in beliebig grosse Stücke schneiden und in kochendes Salzwasser geben. Vom Feuer nehmen und 2–3 Minuten ziehen lassen. Das Wasser abgiessen und die Stücke von Hand sanft ausdrücken oder auf einem Sieb abtropfen lassen.
Alter Tofu, der anfängt, sauer zu werden, oder sich an der Oberfläche schleimig anfühlt, kann durch Brühen wieder aufgefrischt werden.

Roher Tofu für Kenner und Feinschmecker

Je frischer der Tofu, desto feiner schmeckt er roh. Ist er einmal 5–6 Tage alt, empfiehlt es sich, ihn nur noch gekocht zu essen. Doch auch ein Wort der Warnung sei hier eingefügt. Sehr oft ergeht es heute dem Neuling mit Tofu nicht anders als seinerzeit mit Nature-Joghurt; die erste Kostprobe fällt enttäuschend aus! Doch mit der Zeit kommt er auf den Geschmack und kann sich den Ernährungsplan nicht mehr ohne dieses Nahrungsmittel vorstellen.
Roher Tofu kann auf 3 Arten gereicht werden:

1. Am Stück
Den ganzen Tofukuchen auf eine flache Platte legen und mit Salat-

blättern, Kräutern oder Rohgemüse garnieren. Jeder schneidet sich ein Stück ab und würzt es nach Belieben mit Sojasauce, Senf usw.
Der Tofu kann auch in Würfel oder Tranchen geschnitten und hübsch arrangiert angerichtet werden.

2. Zerkrümelt

Den rohen Tofu mit einer Gabel zerstossen, würzen und als Brotaufstrich verwenden oder zu Pellkartoffeln oder einer Rohkostplatte auf den Tisch bringen. Der zerkrümelte Tofu kann auch gesüsst und/oder mit Früchten vermischt als «Blitz-Dessert» genossen werden.

3. Mariniert

Die Marinade (Beize) muss sehr kräftig sein, da sie durch das aus dem Tofu austretende Wasser verdünnt wird (je weicher der Tofu, desto mehr Wasser gibt er ab). Kleine Stücke oder Tranchen sind nach 30 Minuten Einlegen essbereit, grössere Stücke benötigen mehrere Stunden. Der Tofu muss von der Marinade bedeckt sein. Ist dies nicht vollständig der Fall, so muss er von Zeit zu Zeit gewendet werden. Tofu kann tagelang in der Marinade bleiben und ist so immer essbereit. Gebrauchte Marinade in Saucen oder Suppen verwerten.
Marinierter Tofu kann auch für gekochte Rezepte verwendet werden.

Salat

Tofusalat

Leicht und erfrischend. Auch als Vorspeise geeignet.

2 TL Senf
1 Knoblauchzehe, gepresst
2 EL kaltgeschlagenes Öl
2 EL Sojasauce
2 EL Zitronensaft oder Essig   verrühren.

4 EL Schnittlauch und Petersilie, feingehackt
4 EL Sellerieknollen, feingerieben   dazugeben.

400 g Tofu, in kleine Würfel oder Stäbchen geschnitten
4 EL Walnüsse, geröstet und grobgehackt   unter die Sauce heben und im Kühlschrank 1 bis 2 Stunden ziehen lassen.

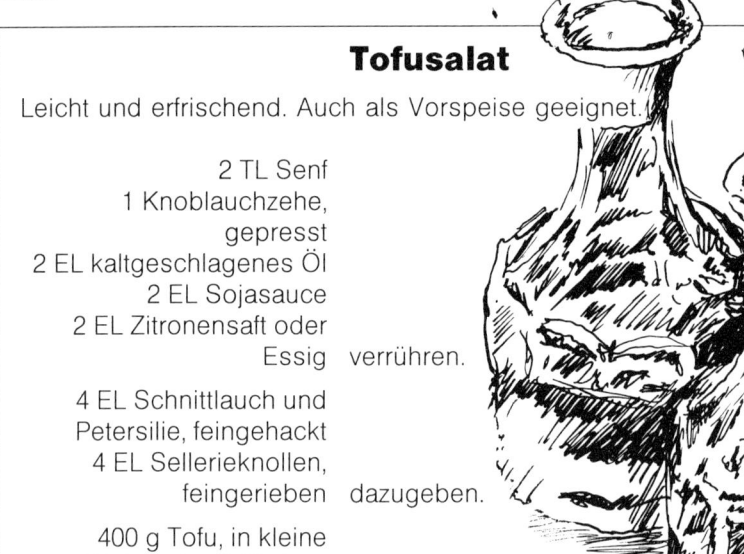

Auf schöne Salatblätter anrichten oder pro Person 1 grosse oder 2 kleine Tomaten aushöhlen und mit dem Tofusalat füllen.

Kohlrabi-Tofu-Salat

1 TL Quark, Milch oder Joghurt
2 EL Öl
1 EL Essig
wenig Zitronensaft
Salz oder Sojasauce nach

Geschmack	zu einer sämigen Sauce verrühren.
3 Kohlrabi	schälen und dazuraffeln.
150 g Tofu	in kleine Würfel schneiden und mit der Sauce und den Kohlrabi vermischen. Kurz ziehen lassen.
Fein gehackte Petersilie	über den Salat streuen.

Rettich-Tofu-Salat

Wie «Kohlrabi-Tofu-Salat» zubereiten. Anstelle der Kohlrabi einen grossen oder zwei kleine Rettiche verwenden. Sofort servieren, da der Rettich sonst zuviel Wasser zieht.

Griechischer Salat
(Abb. S. 21)

Besonders fein wird dieser Salat, wenn er mit frischen Kräutern zubereitet wird.

Ca. 200 g taufrischer Spinat	
1 Salatlattich	waschen und in mundgerechte Stücke reissen.
1 rote Zwiebel	der Länge nach in feine Scheiben schneiden und die Ringe voneinander trennen.
1 Gurke 6 frische Champignons	in Scheiben schneiden.
2–3 Tomaten	zu Schnitzen sechsteln oder achteln.
Basilikum, Oregano oder Dill	frische Kräuter feinhacken.

250 g Tofu in 1–2 cm grosse Würfel schneiden. Alles lagenweise in einer Salatschüssel anrichten.
Schwarze Oliven zum Garnieren.

Mit Olivenöl, Zitronenschnitzen, Kräutersalz und Pfeffer aus der Mühle reichen oder folgende Salatsauce zubereiten:

½ TL Salz
4 EL Olivenöl
2 EL Zitronensaft
1 Knoblauchzehe, gepresst
Pfeffer aus der Mühle verrühren und über den Salat verteilen.

Varianten:
– Der Lattich kann durch Kopfsalat oder ähnliches ersetzt werden.
– Die Salatsauce zuerst anrühren und die Tofuwürfel darin ziehen lassen, bis die übrigen Zutaten bereit sind. Herausnehmen und wie oben anrichten.

Einfache Salatsauce

Passt gut zu zartblättrigen Salaten und Gurken- oder Tomaten-Salat.

Saft von 1 Zitrone 4 EL Sesam- oder Sonnenblumenöl 1 EL Sojasauce	mit dem Schneebesen oder einer Gabel verrühren.
150 g Tofu	von Hand in die Sauce bröckeln. Etwas ziehen lassen. Über den angerichteten Salat löffeln.

Variante:
Zur Abwechslung Olivenöl verwenden und mit Oregano und Basilikum würzen.

Tofuwürfel in Salatsauce

«Einfache Salatsauce» ohne Tofu oder eine würzige Vinaigrette	zubereiten.
150 g Tofu	in 1 cm grosse Würfel schneiden und mit der Salatsauce vermischen. 1/2 Std. ziehen lassen.
Gemischter Salat, Blatt-, Tomaten- oder Gurkensalat	mit Sauce und Tofuwürfeln vermengen.

Vorspeise

Mein Freund Gauthier hat auf dem Rosenhofmarkt in Zürich eine Tofubude. Er empfiehlt seinen Kunden, den Tofu so zu probieren:

Tofu roh als Vorspeise ...

Du brauchst 2 Schüsselchen, ein grösseres für den Tofu, ein kleineres für die Sauce oder Tunke. Diese Zubereitung lehnt sich an die japanische Kochkunst an.

200 g Tofu	in 2–3 cm grosse Würfel schneiden.
Schnittlauch und Petersilie, feingehackt	über die Würfel streuen.
3–4 EL Sojasauce, evtl. mit Wasser verdünnt Saft von 1/2 Zitrone 1–2 Knoblauchzehen, gepresst oder feingehackt	verrühren. Die Tofuwürfel am Tisch in die Sauce tunken oder damit beträufeln.

Winterliche Variante:
Die Tofuwürfel in kochendes Wasser geben, zum Kochen bringen und mit der gleichen Sauce heiss servieren.

Variante mit Ingwersauce:
Echt japanisch wird roher Tofu, wenn wir nur ein paar Tropfen Zitronensaft nehmen oder ihn ganz weglassen und dafür 1 TL Ingwersaft (Zubereitung siehe Seite 160) dazurühren.

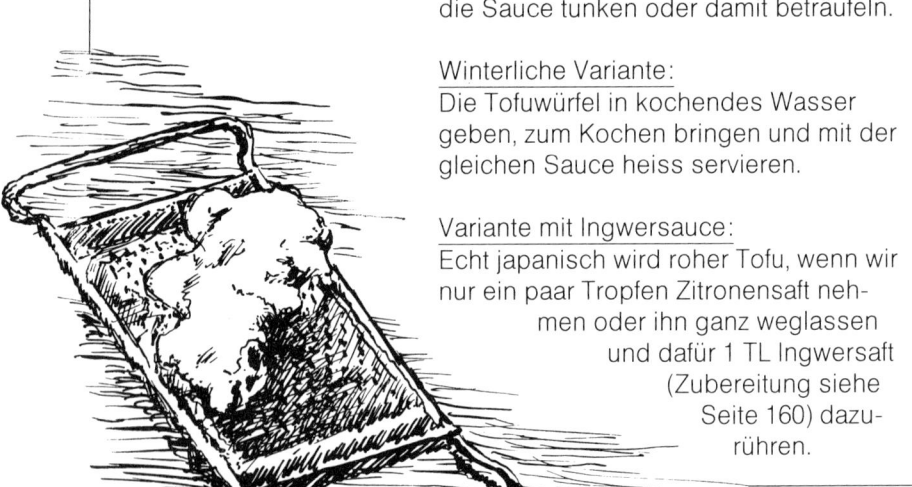

Miso-Suppe

Sie gehört zum traditionellen Frühstück der Japaner. Man sagt, sie könne sogar einen Kater kurieren. Miso-Suppe ist auch mittags und abends eine wertvolle Eiweisszufuhr. Die Gemüsezutaten können natürlich der Jahreszeit angepasst werden.

1 kleine Zwiebel	halbieren und in feine Halbmonde schneiden.
1 kleine Karotte 1 Stück Sellerie oder Rettich	in feine Stäbchen schneiden.
1 Handvoll grünes Gemüse, z. B. Broccoli, Mangold, Spinat, Kohl, Peperoni (dt. Paprika)	in mundgerechte Stücke schneiden.
3–4 frische Pilze	nach Belieben in Blättchen schneiden.
Wenig Öl	in einem Topf erwärmen. Zuerst die Zwiebel und dann ein Gemüse nach dem anderen 2–3 Minuten andünsten.
1 l Wasser	zum Gemüse geben und zum Kochen bringen. 5–10 Minuten zugedeckt köcheln lassen.
200 g Tofu	in 8 Würfel schneiden und auf 4 Suppenteller arrangieren.
Schnittlauch, feingehackt	darüberstreuen.
Ca. 2 EL Miso	in ein wenig Brühe auflösen. Den Topf vom Feuer nehmen und das Miso dazugeben. Abschmecken und über die Tofuwürfel anrichten.

Suppe, Aufstrich

Miso-Suppe mit Meeralgen

Meeralgen werden oft als Nahrungsmittel der Zukunft bezeichnet. In Japan gehören sie seit Jahrhunderten zum alltäglichen Essen. Die Miso-Suppe wird normalerweise mit Wakame-Algen zubereitet. Sie sind in vielen Reformhäusern und Bio-Läden oder orientalischen Spezialitätenläden erhältlich.

ca. 10 cm getrocknete Wakame-Blätter
0,3 l Wasser die Alge kurz abspülen und 10 Minuten einweichen. Fein schneiden und mit dem Einweichwasser zur Suppe geben. Die Suppe mit 0,3 l weniger Wasser zubereiten.

Martins Tofu-Aufstrich

Für belegte Brötchen, Sandwichs und Toast oder als Beilage zu Salat, Pellkartoffeln oder Rohkost.

1 TL Sojasauce
1 EL kaltgeschlagenes Öl
2 TL Essig
1 Knoblauchzehe, gepresst
Salz und Pfeffer nach Geschmack verrühren.
200 g Tofu in der Sauce mit der Gabel zerstossen und gut mischen.

Frische, feingehackte Kräuter nach Belieben dazumischen.

Vorspeise, Salat

Zwei Marinaden

Als Vorspeise oder als Beilage auf dem Salatteller.
Allgemeines zum Marinieren s. Seite 22.

1.
1 TL Salz
1 EL Olivenöl
4 EL Weisswein
1 Knoblauchzehe, gepresst
¼ TL Oregano
frischgemahlener Pfeffer verrühren.

300 g Tofu in Würfel oder Scheiben schneiden. Mindestens ½ Std. einlegen. Von Zeit zu Zeit wenden oder mit einem Löffel beträufeln.

2.
1 TL Honig
3 EL Sojasauce
4 EL Wasser
1 TL Ingwersaft (S. 160) oder ½ TL Ingwerpulver
1 TL Essig verrühren.

300 g Tofu wie unter 1. schneiden und einlegen.

Hauptgericht

In der Pfanne gerührt, damit man auf den Geschmack kommt

Wir brechen den Tofu von Hand in eine erwärmte Bratpfanne und lassen die Klumpen bei mittlerer Hitze unter Rühren fest werden. Öl ist nicht unbedingt nötig. Wir kochen den Tofu so lange, bis alles heraustretende Wasser verdunstet ist.
Rührtofu kann in Saucen, Füllungen oder Plätzchen, ähnlich wie Hackfleisch, verwendet werden. Oder wir salzen und pfeffern ihn und essen ihn wie ein Rührei. Erkaltet und mit einer Vinaigrette wird Rührtofu zum Salat.

Rührtofu

2 EL Butter	in der Bratpfanne erwärmen.
400 g Tofu	von Hand in die Pfanne bröckeln. Bei mittlerer Hitze unter Rühren braten, bis die Stücke fest werden.
Salz und Pfeffer	nach Geschmack würzen. Wie ein Rührei servieren oder als Beilage zu Gemüse, Getreide, Teigwaren oder Kartoffeln.

Varianten:
Zuerst 1 feingehackte Zwiebel oder 100 g feingeschnittene Pilze in der Butter glasig dünsten und dann mit dem Tofu in der Pfanne vermischen und weiterbraten.
Mit feingehackten, frischen oder getrockneten Kräutern, 1 gepressten Knoblauchzehe oder Sojasauce würzen.
Kurkuma (Gelbwurz)- oder Currypulver

Hauptgericht

verleihen dem Tofu die gelbe Farbe des Rühreis.
«Sauce Bolognese aus Rührtofu»: Rezept für die Sauce s. S. 100.

Rührtofu mit Gemüse

500 g Tofu	in eine warme Bratpfanne bröckeln. Die Stücke unter zeitweiligem Rühren fest werden lassen.
Pfeffer und Salz	nach Geschmack würzen und den Tofu aus der Pfanne nehmen.
Butter oder Öl	in der Pfanne erwärmen.
2 Zwiebeln, feingehackt	glasig dünsten.
3 Karotten, in feinen Scheiben	kurz mitdünsten.
500 g Peperoni (dt. Paprika), in Streifen	ein paar Minuten mitdünsten. Den Tofu mit dem Gemüse vermengen.
1/4 TL Thymian	beifügen.
0,3 l Gemüsebrühe	das Gemüse ablöschen, zudecken und 10 Minuten köcheln lassen.
Ca. 0,2 l Wein oder Apfelwein	gegen Ende der Kochzeit dazugiessen.
Nach Belieben Butter oder Rahm (dt. Sahne)	zum Verfeinern.

Über Getreide, Kartoffeln oder Teigwaren anrichten.

Variante:
Die Peperoni können durch andere Saisongemüse ersetzt werden.

Salat

Eiersalat ohne Eier

Die perfekte Beilage auf dem Salatteller.

1 TL Senf
¼ TL Honig
Pfeffer und Salz nach Geschmack
1 TL Sojasauce
5 EL kaltgepresstes Öl
2 EL Zitronensaft und/oder Essig
1 Knoblauchzehe, gepresst, oder ¼ Zwiebel, feingehackt   mit dem Schneebesen zu einer sämigen Sauce verrühren.

1 EL frische Kräuter, nach Saison, feingehackt   beimischen.

500 g Tofu   in die warme Bratpfanne bröckeln. Unter Rühren die Stücke fest, aber nicht zäh werden lassen. Noch warm mit der Salatsauce vermischen und erkalten lassen.
Auf ein schönes Salatblatt anrichten und mit Radieschen, Tomaten- oder Karottenscheiben garnieren.

Hauptgericht

Tofu-Tätschli

... eine Art Pfannkuchen.

400 g Tofu	in die warme Bratpfanne bröckeln. Unter zeitweiligem Rühren bei mittlerer Hitze fest werden lassen. Aus der Pfanne nehmen.
2 EL Sojasauce	dazumischen und den Tofu erkalten lassen.
100 g Vollkornmehl oder Ruchmehl 2 Eier, verquirlt 5–6 EL Wasser ½ Zwiebel, feingehackt 2 EL Petersilie, feingehackt 1 TL Thymian 1 TL Liebstöckel 1 Pr Salz	zu einem Teig verrühren. Den Tofu dazurühren.
Butter oder Öl	in der Bratpfanne erwärmen. Den Teig in Portionen von etwa 50 g hineingeben. Etwas plattdrücken und beidseitig goldbraun braten. Passt zu Suppe oder Salat und Vollkornbrot.

Hauptgericht

Tofu-Gemüseauflauf

1 l Salzwasser	zum Kochen bringen.
750 g Zucchetti oder Kürbis	in grosse Scheiben schneiden und im Salzwasser abwellen. Eine eingeölte Auflaufform damit belegen.
Butter oder Öl	in einer Bratpfanne erwärmen.
400 g Tofu	in die Pfanne bröckeln und unter Rühren fest werden lassen. Herausnehmen.
2 EL Sojasauce	den Tofu würzen.
1 Zwiebel, feingehackt	in der Pfanne glasig braten.
400–600 g gekochtes Getreide z. B. Reis oder Hirse	mit Tofu und Zwiebel vermischen. Über das Gemüse in der Form verteilen.
Ca. ½ l weisse Sauce mit Rosmarin	zubereiten (Rezept siehe unten). Über das Getreide giessen. 20–30 Minuten überbacken.

Variante:
Den Auflauf vor dem Überbacken mit Reibkäse bestreuen.

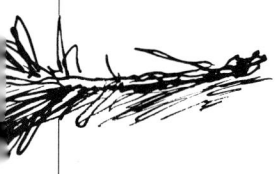

Hauptgericht

Kohlwickel
(Abb. S. 33)

2 l Salzwasser	zum Kochen bringen.
1 Kohl	in einzelne Blätter zerlegen und die dikken Blattrippen entfernen. Im Salzwasser abwellen, bis die Blätter biegsam sind. Aus dem Wasser nehmen und abtropfen lassen.
400 g Tofu	in eine erwärmte Bratpfanne bröckeln und unter Rühren fest werden lassen. Herausnehmen.
Butter oder Öl	in der Pfanne erwärmen.
1 Zwiebel, feingehackt	glasig dünsten.
50–100 g frische Champignons	kurz mitdünsten.
3 Ta gekochter Buchweizen 2 EL Sojasauce	mit Tofu und Gemüse gut vermischen. Die Kohlblätter ausbreiten und mit der Füllung belegen. Einrollen und die Wikkel in eine eingeölte Auflaufform dicht nebeneinanderlegen.
Ca. ½ l weisse Sauce	nach Grundrezept (Seite 40) mit 1 Lorbeerblatt zubereiten. Über die Kohlwickel giessen. Bei 200° 25–30 Minuten überbacken.

Sauce

Grundrezept für weisse Sauce

2 EL Butter oder Öl	in einem kleinen Topf erwärmen.
4 EL Ruchmehl oder fein gemahlenes Vollkornmehl	zugeben und ein paar Minuten rösten.
½ l kalte Flüssigkeit (Wasser und/oder Milch und/oder Gemüsebrühe)	zuerst nur soviel Flüssigkeit zugiessen, bis alles Mehl angefeuchtet ist, dann den Rest unter Rühren zugeben.
Salz nach Bedarf 1 Pr Muskatnusspulver	würzen. Ca. 15 Minuten köcheln lassen.
1 Lorbeerblatt oder Küchenkräuter oder 1 gepresste Knoblauchzehe oder 1 kleine ganze Zwiebel	je nach Verwendung der Sauce mitkochen.
10 g frische Butter oder 1 EL Rahm (dt. Sahne) oder 1 EL angerührte Sesambutter	nach Belieben am Schluss beifügen zum Verfeinern.

Verwendung:
Für Gratins, Gemüsegerichte oder als Sauce über Getreide, Braten oder Frikadellen. Wird nicht alle Sauce aufs Mal gebraucht, kann man sie bis zu einer Woche im Kühlschrank aufbewahren. Ergibt ca. ½ l Sauce.

Hauptgericht

Vermengt und geknetet ist er kaum wiederzuerkennen

Den Tofu sehr fest pressen (siehe Seite 18), gut abtrocknen, in eine Schüssel brechen und mit den andern Zutaten – Gemüse, Getreide, Paniermehl, Gewürze, Eier usw. – verkneten. Klösschen, Bratlinge (Burger) oder Laibe formen und diese braten, backen oder fritieren.

Grundrezept für Tofuburger

Nein, der Tofuburger wurde nicht in Amerika erfunden. In China und Japan kennt man ihn seit mindestens 500 Jahren. Dort wird er aber nicht einfach zwischen zwei Brötchenhälften geklemmt. Als wichtige Zutat in vielen Gerichten gehört er zum Besten, was die fernöstliche Küche zu bieten hat. Besonders bekannt und beliebt ist er in «Nabé»-Gerichten. «Nabé» ist japanisch, heisst soviel wie Kochtopf und ist nichts anderes als unser «Fondue chinoise» (Rezept auf Seite 75)!

600 g Tofu	pressen, bis er fast trocken ist.
50 g Karotten 50 g Sellerie 3-4 frische Champignons 50 g Zwiebeln	auf der Bircherraffel reiben
4 EL feine Haferflocken 1 EL Sojasauce 1 TL Salz	mit dem Tofu und dem Gemüse vermengen und gründlich durchkneten. 8–12 Bratlinge formen, und diese bei mittlerer Hitze beidseitig goldbraun braten oder fritieren. Zu Vollreis, Kartoffeln etc. servieren oder auf amerikanische Art mit

Zwiebelringen, sauren Gurken, Salatblättern, Tomatenscheiben, Senf, Ketchup und Vollkornbrötchen.

Variante mit Kräutern:
Der Tofumasse ½ TL Liebstöckel, ¼ TL Thymian und etwas Pfeffer beimischen.

Variante mit Curry:
Der Tofumasse 1–2 TL Currypulver beimischen.

Variante mit Käse:
Die Burger in der Pfanne braten. Ein paar Minuten vor Ende der Bratzeit auf jedes Stück eine Käsescheibe legen. Pfanne zudecken und auf kleinem Feuer fertigbraten, bis der Käse verläuft. Sofort servieren.

To-fu-yong

... die chinesisch inspirierte Version des Tofuburgers

Tofuburger-Masse	nach Grundrezept auf Seite 41 zubereiten. 8–10 Ovale formen und in der Bratpfanne beidseitig goldbraun braten. Warmstellen.
Sauce: 1 EL Sesam- oder Sonnenblumenöl	in der Bratpfanne oder im Wok erwärmen.
100 g frische Champignons, in Blättchen geschnitten	kurz andünsten.

◁ Tofuburger

Hauptgericht

2 Handvoll Soja- oder Mungbohnenkeimlinge	2–3 Minuten mitbraten.
1 TL Ingwerpulver 1 Knoblauchzehe, gepresst, Salz	beigeben.
0,3 l Wasser oder Brühe	dazugiessen und aufkochen.
1 EL Pfeilwurzelmehl oder Kuzupulver	in wenig kaltem Wasser auflösen und unter Rühren zum Gemüse geben. Weiterrühren, bis die Sauce eindickt.
Sojasauce	zum Abschmecken.
1 Handvoll Mandeln	rösten, grobhacken. Die Sauce über die Plätzchen anrichten und die Mandeln darüberstreuen. Zu Vollreis oder Vollkornnudeln servieren.

Tofu-Getreide-Bratlinge

500 g Tofu	sehr fest pressen.
200 g gekochter Vollreis oder anderes gekochtes Getreide 1 Karotte, feingerieben ½ Zwiebel, feingerieben 1 Knoblauchzehe, gepresst 1 EL Sojasauce oder Miso ½ TL Salz Pfeffer	zusammen mit dem Tofu gründlich durchkneten. Bratlinge formen.

Hauptgericht

Butter oder Öl	die Bratlinge in der Pfanne bei mittlerer Hitze beidseitig goldbraun braten. Zu Gemüse oder Salat servieren.

«Engel»-Tofuburger

Für viele ist der Tofuburger der Einstieg zu Tofu. Die erste Tofurei der Schweiz, die «Engel»-Genossenschaft, hatte dieses Rezept auf ihrer Verpackung. Übrigens, Tofuburger schmecken auch kalt ganz prima.

600 g Tofu	gut pressen.
1 Zwiebel, feingehackt	
2 EL Petersilie, feingehackt	
1 Knoblauchzehe, gepresst	
1 Ei	
2 EL Vollkornmehl oder feine Haferflocken	
Meersalz, Pfeffer und Gewürzmischung nach Belieben	mit dem Tofu vermengen und gut durchkneten. Zu Burgern formen.
Wenig Öl	die Burger darin goldbraun braten. Servieren wie «Tofuburger» auf Seite 41.

Hauptgericht

Tofu-Backlinge mit Nüssen

500 g Tofu	pressen oder abtropfen lassen.
1 Zwiebel, feingehackt 25 g Butter	glasig braten.
200 g gekochter Vollreis oder ein anderes Vollgetreide 50 g Walnüsse, feingehackt 50 g Paniermehl 1 Ei 1 EL Miso oder ½ TL Salz 1 EL Sojasauce ¼ TL Thymian ¼ TL Majoran ½ TL Currypulver	zusammen mit Tofu und Zwiebeln gründlich durchkneten. Ca. 12 Backlinge formen und auf einem Backblech bei 200° 30 Minuten backen.
Weisse Sauce nach Grundrezept auf Seite 40 oder Raita nach Rezept auf Seite 73	zubereiten und mit den Backlingen servieren.

Tofu-Braten mit Nüssen

Teig nach Rezept für Tofu-Backlinge zubereiten. Einen Laib formen und bei 200° 45 Minuten backen. Während der Backzeit 1–2 mal mit Butter bestreichen. Wie die Backlinge servieren.

Brutzeln und Braten zum guten Geraten

Braten. Beim Braten ist ein eher fester Tofu von Vorteil, da er leichter zu handhaben ist und infolge seines niedrigeren Wassergehalts weniger spritzt.

Zuerst müssen wir uns entscheiden, in welcher Form und Grösse wir den Tofu braten möchten, und schneiden ihn dann entsprechend: Tranchen, grosse Würfel, kleine Würfel, Blättchen, Stäbchen, Rechtecke oder Dreiecke. Grössere Stücke können noch abgetupft und mit Mehl bestäubt werden.

Wir nehmen nur wenig Fett und braten bei kleiner bis mittlerer Hitze. Wenn die Pfanne zu heiss ist – besonders am Anfang – hockt der Tofu leicht an. (Durch Ablöschen mit etwas kalter Flüssigkeit löst er sich wieder vom Pfannenboden.) Tranchen und grosse Würfel drehen wir nur einmal und lassen sie auf beiden Seiten goldbraun werden. Kleinere Stücke oder Blättchen (Geschnetzeltes) wenden wir ziemlich oft, bis sie anfangen, braune Ränder zu bekommen. Dies kann bis zu 20 Minuten dauern. Erst jetzt würzen.

Auch marinierter Tofu (Seite 31) eignet sich zum Braten. Vorher gut abtrocknen.

Panieren. Der Tofu kann vor dem Braten paniert werden.

Fritieren. Viele Leute schrecken vor dem Fritieren zurück, weil es die Nahrung ungesund und fettig macht. Andere betrachten es als eine sehr aufwendige Kochart. Trotzdem möchte ich hier ein paar Rezepte mit fritiertem Tofu vorstellen. Wir müssen uns immer vor Augen halten, dass Tofu fettarm ist und das Fritieren ihm mehr «Chuscht» (währschafter Geschmack) verleihen kann. In Japan sind Gerichte mit fritiertem Tofu im Winter sehr geschätzt. Sachgemässes Fritieren ergibt einen leichten, gut verdaulichen, schmackhaften und nicht übermässig fetten Tofu.

Wir füllen die Fritierpfanne 4 bis 5 cm tief mit Öl und erhitzen es auf 175°. Der Tofu muss fest und ganz trocken sein. Er kann entweder

«nature», als Würfel, Tranche usw., schwimmend goldgelb gebacken werden, oder wir panieren ihn vorher oder tauchen ihn in einen Ausbackteig. Fertiggebackene Stücke zuerst auf einem Sieb abtropfen lassen, danach auf ein saugfähiges Papier legen.
Das Fritieröl abkühlen lassen, sieben und im Kühlschrank aufbewahren. Sobald wie möglich zum Braten und Backen aufbrauchen. Dies hat den Vorteil, dass das Öl nicht wiederholt erhitzt wird, was ihm sehr abträglich ist. Beim nächsten Fritieren können wir wieder frisches Öl verwenden.
Tofu eignet sich auch sehr gut zum halbschwimmend Backen. Das Öl steht ungefähr 2 cm hoch in der Pfanne, und die Tofustücke sind etwa zur Hälfte bedeckt. Sie müssen einmal gewendet werden, bis sie rundherum goldgelb sind.

Tofu-Flädli-Suppe

200 g Tofu	in Tranchen schneiden.
Mehl	zum Bestäuben.
Butter oder Öl	die Tranchen bei mittlerer bis kleiner Hitze braten, bis sie goldgelb sind und rundum eine zähe Haut bekommen. In feine Streifen schneiden.
1 l Gemüsebrühe oder Bouillon	die Streifen in die siedend heisse Brühe geben. Einige Minuten ziehen lassen.
Schnittlauch, feingehackt	vor dem Anrichten beifügen.

Hauptgericht

Tofu-Schnitzel

600 g Tofu — in 1 cm dicke Tranchen schneiden. Abtupfen.

Butter oder Öl — bei mittlerer bis kleiner Hitze die Tranchen beidseitig goldbraun braten.

Salz, Pfeffer, Sojasauce, (Worchestersauce etc.) — kräftig würzen.

Alpamare + Curry !

Tofu-Schnitzel mit Senf

600 g Tofu — wie «Tofu-Schnitzel» vorbereiten und anbraten.

1 EL Senf
Sojasauce — zu einem Brei verrühren.
Die Schnitzel in der Pfanne bestreichen.
Nochmals kurz beidseitig weiterbraten.

Tofufilet nach Müllerinnenart

800 g Tofu	in 1 cm dicke Tranchen schneiden. Mit einer Gabel beidseitig feine Rillen einritzen.
Reichlich Salz	einreiben.
Saft von ½ Zitrone	beträufeln. Die Tranchen aufeinanderlegen und 30 Minuten ziehen lassen.
Mehl	die Tranchen darin wenden.
Butter oder Öl	in der Pfanne erwärmen und die Tofufilets auf beiden Seiten braten, bis sie schön gelb sind. Auf einer heissen Platte schuppenweise anrichten.
2 EL Petersilie, feingehackt	darüberstreuen.
Saft von ½ Zitrone 20 g heisse Butter	beträufeln.

Mit Zitronenschnitzen, heisser Butter und Salzkartoffeln servieren oder folgende Sauce dazureichen:

2 EL Zitronensaft 1 EL Sojasauce 2 EL heisse Butter	erwärmen und gut verrühren.

Hauptgericht

Panierte Tofu-Schnitzel

800 g Tofu	pressen, dann in 1 cm dicke Tranchen schneiden.
Salz	einreiben.
Senf	bestreichen und die Tranchen aufeinanderlegen und etwas marinieren lassen.
Mehl	die Tranchen bestäuben oder darin wenden.
1 Ei ½ TL Salz ½ EL Milch oder Wasser	verrühren. Die Tranchen darin wenden, am Tellerrand abstreichen.
100 g Paniermehl 1 EL Pfeilwurzelmehl	mischen und die Tofutranchen damit beschichten.
Reichlich Öl oder Butter	bei mässiger Hitze goldbraun braten.

Schuppenartig auf eine Platte anrichten. Mit Zitronenschnitzen und Petersilie garnieren.

Varianten:
- Die panierten Schnitzel fritieren.
- Tofu-Schnitzel nach Mailänder Art: ⅓ des Paniermehls durch geriebenen Parmesan ersetzen.

Hauptgericht

Misotranchen

400–500 g Tofu Miso	den Tofu in 4 oder 8 Tranchen schneiden. Beidseitig grosszügig mit Miso bestreichen. Aufeinanderlegen und mind. 1 Std. ziehen lassen.
Butter oder Öl	in der Pfanne erwärmen und die Tranchen beidseitig braun braten. Anrichten und warmstellen.
1 grosse oder 2 kleine Zwiebeln	in Streifen schneiden.
Ca. 2 EL Butter	in der Bratpfanne erwärmen und die Zwiebeln braun braten. Über die Tranchen verteilen. Sofort servieren.

Tofu-Geschnetzeltes nach Zürcherart

«Geschnetzeltes» steht und fällt mit der Sauce. Beim Tofu-Geschnetzelten ist es zudem wichtig, dass die Streifen gebraten werden, bis sie fast zäh sind und dass beim Würzen nicht gegeizt wird.

1 EL Butter oder Öl	in der Pfanne erwärmen.
1 grosse Zwiebel, gehackt	glasig braten.
600 g Tofu, in Blättchen oder Streifen	in der Pfanne verteilen und mitbraten, bis sie fest sind und braune Ränder bekommen.
2 EL Mehl	darüberstreuen. Wenden bis alle Tofustücke mit Mehl beschichtet sind.

Hauptgericht

Pfeffer und Salz	
1/4–1/2 l Gemüsebrühe	zum Ablöschen. Zugedeckt ein paar Minuten köcheln lassen.
0,1–0,2 l Rahm (dt. Sahne) Zitronensaft oder Weisswein Sojasauce	zum Abschmecken und Verfeinern.

Zu Reis, Kartoffeln oder Teigwaren servieren.

Tofu-Geschnetzeltes mit Pilzen

1 EL Butter oder Öl	in der Pfanne erwärmen.
600 g Tofu, in Blättchen oder Streifen	in der Pfanne verteilen und braten, bis sie fest sind und braune Ränder bekommen. Aus der Pfanne nehmen.
1 grosse Zwiebel, gehackt 100 g frische Pilze, gescheibelt	glasig braten. Den Tofu wieder dazumischen und wie «Tofu-Geschnetzeltes nach Zürcherart» fertigkochen.

Tofu nach Schweizerart

2 Karotten	in kleine Stücke schneiden.
3–4 Stengel Lauch	feinschneiden.
Butter oder Öl	in einer grossen Bratpfanne erwärmen und das Gemüse darin sautieren.
500 g Tofu	in kleine Würfel schneiden und abtupfen. Das Gemüse in der Pfanne zur Seite schieben oder herausnehmen. Die Tofuwürfel anbraten, bis sie fest sind. Gemüse und Tofu vermengen.
1 TL Salz	dazumischen.
¼ l Milch	ablöschen, zudecken und 5 Minuten auf kleinem Feuer köcheln lassen.
6–8 EL geriebener Emmentaler	darüberstreuen. Weiterköcheln lassen (mit Deckel!), bis der Käse geschmolzen ist.

Sofort in der Bratpfanne auftragen zu Kartoffeln oder Vollkornteigwaren.

Varianten:
Dieses Grundrezept eignet sich für viele andere Gemüsekombinationen, z. B. Zwiebeln mit Zucchetti oder Broccoli, Kartoffeln mit Blumenkohl, Sellerie mit Kohl, Peperoni (dt. Paprika) mit Tomaten.

Hauptgericht

Tofu und Chinakohl an süss-saurer Sauce

600 g Tofu	in 3 cm grosse Würfel schneiden. Gut abtrocknen. Evtl. mit etwas Mehl bestäuben.
Öl oder Fritieröl	die Würfel allseitig goldbraun braten.
½ l Wasser* 1 Stück Kombu-Algen* (s. Seite 160)	2–3 Std. einweichen. Zum Kochen bringen. Die Alge herausnehmen.
1 EL Essig 2 EL Sojasauce 1 TL Honig 1 TL Ingwerpulver oder 1 EL frischer Ingwersaft (Seite 160) 3 Knoblauchzehen, gepresst 1 Pr Cayennepfeffer Salz nach Geschmack	in die Brühe geben. Den Tofu beigeben und leicht köcheln lassen.
1 Chinakohl wenig Öl	Kohl in breite Streifen schneiden und in einer grossen Bratpfanne oder Topf andünsten, bis er zusammenfällt.
1 Pr Salz	beifügen, zudecken und kurz garen.
1 gehäufter EL Pfeilwurzelmehl	in wenig Wasser anrühren. Unter Rühren in die Brühe geben. Rühren, bis sie eindickt.

* Kann durch ½ l Gemüsebrühe ersetzt werden.

Die Sauce über den Chinakohl giessen und 1–2 Minuten zugedeckt weiterkochen. Passt zu Vollreis oder Vollkornnudeln.

Aubergines Orientales

1 TL Öl	in der Bratpfanne erwärmen.
400 g Tofu, in Streifen	anbraten, bis er fest wird und braune Ränder bekommt.
4 EL Wasser 2 EL Sojasauce	mischen. Den Tofu ablöschen. Köcheln lassen, bis alle Flüssigkeit verdunstet ist. Aus der Pfanne nehmen.
1 EL Öl	in der Pfanne erwärmen.
2 grosse oder 4 kleine Auberginen, in Scheiben	unter Wenden anbraten, bis sie weich sind.
1 TL Ingwerpulver oder 1 EL Ingwersaft (Seite 160) 2 Knoblauchzehen 1 Pr Cayennepfeffer ½–1 TL Salz	würzen, und die angebratenen Tofustreifen wieder beimischen.
1 Ta Wasser	ablöschen. Alles nochmals kurz aufkochen.

Über Vollreis oder Vollkornteigwaren servieren. Dies ist ein einfaches, aber schmackhaftes Grundrezept, welches mit vielen anderen Gemüsesorten und Gewürzen abgewandelt werden kann, z. B. in:

Hauptgericht

Orientalisches Gemüse-Allerlei

Anstelle der Auberginen verwenden wir:

1 Karotte, in feine
Stäbchen geschnitten
150 g Broccoliblüten
100 g Sojasprossen
150 g Brechbohnen oder
Frischerbsen
3–4 Pilze, ganz oder
geviertelt   die übrigen Zutaten und die Zubereitung
wie für «Aubergines Orientales».

Gar nicht mehr orientalisch muten...

Zucchetti mit Tofustreifen

an, aber das Grundrezept ist das gleiche. Anstelle der Auberginen verwenden wir:

2 grosse oder
4 mittelgrosse Zucchetti,
in Scheiben

Anstelle von Ingwer und Cayennepfeffer verwenden wir:

1 TL Thymian
Pfeffer aus der Mühle   die übrigen Zutaten und die Zubereitung
wie für «Aubergines orientales».

Hauptgericht

Riz créole

Der Tofu ersetzt in diesem Gericht die Crevetten.

400 g Tofu	pressen oder abtropfen lassen. In Dreiecke von etwa 2 cm Seitenlänge schneiden. Abtupfen.
Öl	2 cm tief in eine Bratpfanne geben und erhitzen. Die Tofudreiecke fritieren. Das Öl bis auf 1 EL abgiessen.
3 Knoblauchzehen, ganz fein gehackt 1 Zwiebel, in Halbmonden	im zurückbehaltenen Öl glasig braten.
1 Peperoni (dt. Paprika) 2–3 Stangen Sellerie 2–3 Tomaten	in mundgerechte Stücke schneiden und nacheinander zugeben.
1 kleines Sträusschen Petersilie, gehackt 1 Pfefferschote, feingehackt ¼ TL Thymian ¼ TL Selleriesamen, Kreuzkümmel oder Kümmel 1 Lorbeerblatt 1 Pr Cayennepfeffer 1 TL Salz Tofudreiecke	zum Gemüse mischen.
2 EL Wasser	das Gemüse ablöschen, zudecken und auf kleinem Feuer 10–15 Minuten garen.
Pfeffer und Sojasauce	zum Abschmecken. Riz créole darf

Vorspeise, Hauptgericht

ziemlich scharf sein.
Vor dem Auftragen 15 Minuten zugedeckt ziehen lassen. Zu Vollreis servieren.

Inari Sushi
(gefüllte Tofutaschen)

Diese japanischen Leckerbissen kommen auch bei uns gut an. Inari Sushi eignen sich als Hors d'œuvre-«Happen» oder zusammen mit Suppe und Salat als Hauptmahlzeit. In Japan sind Sushi eine beliebte Picknick- und Zwischenverpflegung.

800 g Tofu	pressen oder abtropfen lassen. In Quadrate von ca. 7 x 7 x 2 cm schneiden. Abtupfen.
Fritieröl	nicht zu heiss fritieren (175–180°).
½ l Wasser 5 EL Sojasauce 1 EL Ingwersaft oder (Seite 160) 1 TL Ingwerpulver	zum Kochen bringen. Den Tofu hineingeben, nochmals aufkochen. Hitze ausschalten und 15 Minuten ziehen lassen. Tofustücke herausnehmen und auf einem Sieb über der Brühe abtropfen lassen.
Wenig Öl	in der Pfanne erwärmen.
1 grosse Zwiebel, feingehackt	glasig braten.
2 TL Sojasauce	

2 EL Wasser die Zwiebel ablöschen. Köcheln bis
alle Flüssigkeit verdunstet ist.
400 g gekochter Vollreis
4 EL feingehackte saure
Gurke, nach Belieben
1 EL feingehackte
Petersilie mit der Zwiebel vermischen.

Die Tofuquadrate diagonal durchschneiden, so dass 2 Dreiecke entstehen. Diese mit einem Teelöffel soweit aushöhlen, dass sie gefüllt werden können. Mit feuchten Händen (klebt weniger!) die Reismischung in die Dreiecke pressen. Auf einer flachen Platte schön anordnen. Warm oder kalt servieren.

Tip:
Die Brühe und der weisse Inhalt der Dreiecke ergeben zusammen eine schmackhafte Suppe. Für 8–12 Personen als Hors d'œuvre. Für 4 Personen als Hauptgericht.

Gefüllter Tofu an Weinsauce

800 g Tofu pressen oder abtropfen lassen. In 2 cm
dicke Scheiben schneiden. Abtupfen.

Fritieröl in mässig warmem Öl (175–80°)
fritieren. Erkalten lassen, halbieren
und mit einem Teelöffel halb aushöhlen.

400 g gekochtes Grünkern- oder Roggenschrot mit dem Inhalt der Tofuhälften vermen-

gen und mit feuchten Händen (damit das Getreide weniger klebt) die Tofuhälften füllen. Mit der Schnittfläche nach unten auf eine bebutterte Auflaufform anordnen.

¼ l Weisswein
¼ l Wasser
3 EL Sojasauce oder
1 El Würzbrühe
1 Zweiglein Rosmarin oder ¼ TL Rosmarinpulver
¼ TL Basilikum
2 Knoblauchzehen, gepresst

zugeben. Bei 200° 30 Minuten backen. Während der Backzeit 2–3mal die Sauce über den Tofu löffeln.

0,1 l Rahm, nach Belieben

kurz vor Ende der Backzeit in die Sauce geben.

1 Handvoll Mandeln

rösten. Zu Splittern hacken. Über den angerichteten Tofu streuen.

Hauptgericht

Von Eintöpfen und Geschmortem

Die Tofustücke – Würfel, Rechtecke, Dreiecke oder Tranchen – liegen mindestens zur Hälfte in einer würzigen Brühe. Sie können, aber müssen nicht, zuerst angebraten oder fritiert werden. Dann lassen wir sie mit gutschliessendem Deckel auf kleinem Feuer mindestens 15 Minuten schmoren, damit sie den Geschmack der Brühe aufnehmen können.

Eintopfgerichte eignen sich gut für eine grosse Esserschar. Sie sind einfach in der Zubereitung – auch bei Verdoppelung der Rezeptmenge – und schmecken, in einem grossen Topf gekocht, noch besser. Wenn Sie Reste haben, sehen diese am nächsten Tag zwar nicht mehr so frisch aus, schmecken aber unübertrefflich.

Lageneintopf mit Grünkern

2 Karotten	
2 Stengel Lauch	
1/2 Blumenkohl	
2 Fenchel	
500 g Tofu	in mundgerechte Stücke schneiden und in dieser Reihenfolge in einen Topf schichten.
400 g Grünkernschrot	
1 TL Salz	
1/2 TL Basilikum	
1/2 TL Thymian	darüberstreuen.
Wasser	dazugiessen, bis alle Zutaten bedeckt sind.
Sojasauce oder Würzextrakt nach Geschmack	beigeben. Zum Kochen bringen, dann mit einem gutschliessenden Deckel schliessen und auf kleinstem Feuer während ca. 1/2 Std. garen.

Hauptgericht

Varianten:
- Die 4 Gemüsesorten durch andere Saisongemüse ersetzen.
- Anstelle von Grünkernschrot andere Getreideschrote – Roggen, Weizen, Gerste oder Mais – oder ganze Hirse- oder Buchweizenkörner nehmen.

Mangold an weisser Sauce mit Tofuwürfeln

8 grosse Mangoldblätter	waschen und das grüne Blattwerk abtrennen. Die Stiele in 10 cm lange Stäbchen schneiden. Das Blattwerk feinschneiden (wenn die Blätter sehr üppig sind, nur einen Teil verwenden).
0,2 l Wasser ½ TL Salz	in den Schnellkochtopf füllen und die gerüsteten Blätter 6–8 Minuten kochen. Die Stiele auf eine Schale anrichten und warmstellen.
Weisse Sauce nach Grundrezept auf Seite 40	zubereiten. Das Kochwasser als einen Teil der Flüssigkeit verwenden.

Hauptgericht

250 g Tofu	in 1 cm grosse Würfel schneiden und in die Sauce geben.
Weisswein oder Apfelwein	zum Verfeinern. 15 Minuten köcheln lassen.
Das gekochte Blattwerk	beifügen, aufkochen und über die Stiele anrichten.

Wurzeleintopf

½ l Wasser	
1 TL Salz	zum Kochen bringen.
300 g Kohlrabi	
300 g Kartoffeln	in Scheiben schneiden und in das kochende Salzwasser geben.
1 Lorbeerblatt	beifügen.
½ TL Kümmelsamen	2–3 Minuten in der Pfanne rösten.
1 TL Butter oder Öl	dazugeben.
300 g Tofu, in kleine Stücke geschnitten	bei mittlerer Hitze braten, bis er anfängt braun zu werden. Zum Gemüse geben.

Hauptgericht

2 EL Ruchmehl	in wenig Wasser anrühren und mit Tofu und Gemüse vermischen. Zugedeckt kochen, bis das Gemüse gar ist.
1–2 EL Miso oder 2 TL Würzextrakt	in wenig Wasser auflösen und dem Eintopf beifügen. Vom Feuer nehmen. Ein paar Minuten ziehen lassen.
Butter oder Rahm (dt. Sahne), nach Belieben	zum Verfeinern.

Varianten: Anstelle von Kohlrabi und Kartoffeln können andere Wurzelgemüse verwendet werden.
Für 2–3 Personen.

Dianas geschmorter Tofu

600 g Tofu	abtropfen lassen. In 2–3 cm grosse Stücke schneiden.
Mehl	zum Bestäuben.
4 EL Olivenöl	in einer Gusseisenpfanne erwärmen. Die Tofuwürfel darin kurz anbraten. Herausnehmen.
1 grosse Zwiebel, feingehackt	im Öl glasig braten.

300 g Zucchetti, in Scheiben	mitbraten.
50 g frische Pilze, geviertelt	mitbraten.
1 Knoblauchzehe, gepresst ¼ TL Oregano 1 Zweiglein Rosmarin Pfeffer und Salz	beimischen.
0,1 l Rot- oder Weisswein	das Gemüse ablöschen. Die Tofuwürfel wieder untermischen. Zugedeckt 30–45 Minuten schmoren lassen.
Ca. 0,3 l Gemüsebrühe	nach Bedarf nach und nach dazugiessen.

Passt zu Polenta oder zu mit wildem Reis vermischtem Vollreis.

Tofu-Gulasch

600 g Tofu	in 3 cm grosse Würfel schneiden. Gut abtrocknen oder abtropfen lassen.
25 g Butter	die Würfel darin anbraten, bis sie braune Ränder bekommen.
1 ½ l Gemüsebrühe	zum Kochen bringen. Die Würfel hineingeben. Köcheln lassen.
1 grosse Zwiebel, feingehackt 2 Knoblauchzehen, feingehackt evtl. nochmals etwas Butter	glasig braten. In die Brühe geben.

750 g Kartoffeln, in 3 cm
grossen Würfeln
3 Tomaten, in Scheiben
oder 2 EL Tomatenpüree
1 TL Paprika
½ TL Salbei
½ TL Basilikum   in die Brühe geben. Zugedeckt 30
Minuten garen.

1–2 EL Rotwein
Sojasauce   zum Abschmecken.

Vor dem Auftragen das Gulasch 10–15 Minuten ziehen lassen.

Hauptgericht

Pot-au-Feu
(Abb. S. 65)

2 l Wasser*	
1 Stück Kombu-Alge*	
(s. Seite 160)	2–3 Std. einweichen. Zum Kochen bringen.
1 EL Salz*	
Sojasauce*	
2 Knoblauchzehen, gepresst	
¼ TL Thymian	
¼ TL Liebstöckel	
1 Pr Mayoran	
1 Lorbeerblatt	würzen. Die Alge herausnehmen.
600 g Tofu, in Würfeln	
Butter oder Öl	rundum goldbraun braten oder fritieren. In die heisse Brühe geben.
4 Kartoffeln, ganz oder in groben Stücken	
4 ganze Gewürznelken	die Kartoffeln bespicken und in die Brühe geben.
4 Karotten	
½ Sellerieknolle	
4 Lauchstengel	
½ Wirsing oder Kohl	in grobe Stücke schneiden und nebeneinander in die Brühe legen. Zugedeckt 1 Std. schmoren lassen.
Sojasauce	zum Abschmecken.
Butterflocken	
Petersilie	vor dem Servieren über den Pot-au-Feu streuen.

* diese Zutaten können durch 2 l Gemüsebrühe ersetzt werden.

Hauptgericht

Matar Panir Pullao

Panir ist ein indischer Frischkäse, der unserem Ziger entspricht. Er ist in Aussehen und Geschmack dem Tofu verblüffend ähnlich.

300 g Vollreis ¾ l Wasser	zum Kochen bringen. Zugedeckt 20 Minuten köcheln lassen.
25 g Butter	in der Bratpfanne erwärmen.
½ Zwiebel, feingehackt	glasig braten.
250 g Tofu, in kleinen Würfeln	mitbraten, bis er fest wird.
1 ½ TL Salz 1 TL Kreuzkümmel ¼ TL schwarzer Pfeffer 1 Pr Nelkenpulver	dazurühren.
200 g enthülste Erbsen 2 Kartoffeln, in Scheiben 1 grüne Pfefferschote, feingehackt	kurz mitbraten. Unter den Reis mischen.
½ TL Kurkumapulver 1 TL Garam Masala oder Currypulver 1 Zimtstengel 4 Kardamomschoten oder ¼ TL Kardamompulver 1 ½ TL Salz	unter den Reis mischen.
2 gekochte Eier, in Scheiben 4 Tomaten, in Scheiben 1 EL Korianderblätter oder Petersilie, feingehackt	über den Reis verteilen.

Sauce

Mit gut schliessendem Deckel zudecken und kochen, bis der Reis gar ist (ca. 20 Min.).

25 g Butter
½ Zwiebel, feingehackt   auf kleinem Feuer glasig braten und vor dem Auftragen über das Pullao verteilen.

Raita

… Joghurt auf indische Art. Es passt zu allen scharfen Currygerichten. Zum Pullao servieren.

2 Becher Nature-Joghurt
150 g Gurken oder Rettich, grob geraffelt
1 Pr Salz
1 EL frische Pfefferminzblätter, feingehackt (nach Belieben)   verrühren.

je 1 Stäubchen Chilipfeffer und Kreuzkümmelpulver   zum Garnieren.

Hauptgericht

Yudofu

An kalten Wintertagen hat dieser japanische Eintopf eine herrlich wärmende Wirkung auf den Körper. Da die Mengen ohne viel Aufwand vergrössert werden können, eignet er sich besonders gut als Partyessen. Das «Selberkochen» und Essen mit Stäbchen bringt Stimmung!

1 Stück Kombu-Algen (s. Seite 160)*	
2 l Wasser*	2–3 Std. einweichen. Dann zum Kochen bringen. Kombu entfernen.
600 g Tofu	kurz pressen oder abtropfen lassen und in 2–3 cm grosse Würfel schneiden.
1 Chinakohl 6–8 Lauchstengel 300 g Spinat oder Mangold 8–12 Champignons	waschen und in grosse Stücke schneiden. Zusammen mit den Tofuwürfeln gefällig auf eine flache Platte anordnen.
⅛ l Sojasauce 2 EL Sherry oder 1 EL Ingwersaft (s. Seite 160)	verrühren und in Schälchen auf dem Tisch verteilen.
Zitronenschnitze Gekochter Vollreis	auf den Tisch geben.
Fondue-Rechaud	in der Tischmitte bereitmachen und die siedend heisse Algenbrühe daraufstellen. Tofu und Gemüse nach Bedarf hineingeben und ein paar Minuten köcheln lassen. (Am Anfang braucht es etwas

Hauptgericht

Geduld.) Jeder Gast bedient sich selbst (wenn möglich mit Essstäbchen). Die Sauce ist zum Tunken, die Zitronenschnitze zum Beträufeln der Stücke.

Dazwischen essen wir Vollreis. Am Schluss wird die Brühe verteilt und individuell gewürzt.

* oder durch 2 l milde Brühe ersetzen.

Nabé

Tofuburger-Masse nach Grundrezept auf Seite 41 zubereiten. Ca. 1 EL geröstete Sesamsamen oder geröstete und feingehackte Nüsse beimischen. Klösse von 2–3 cm Durchmesser formen und beidseitig goldbraun braten oder, noch besser, fritieren. Erkalten lassen.

Yudofu nach dem vorangehenden Rezept zubereiten. Die Klösse wie das Gemüse und die frischen Tofuwürfel in der Brühe auf dem Tisch erwärmen.

Für 6–8 Personen.

Tofu, der aus dem Ofen kommt

Backen und Grillieren von Tofu ist besonders vorteilhaft für eine fettarme Kost, da er, wenn gewünscht, ohne zusätzliches Fett oder Öl zubereitet werden kann. Und so kommt er in den Ofen:

1. In Stücke geschnitten. Es können Tranchen, Würfel oder Stangen sein. Zum Würzen marinieren wir diese vorher (Seite 31), oder wir bepinseln sie während der Backzeit ein paarmal mit einer Sauce, oder wir backen sie in einer Sauce. Die Backzeit beträgt je nach Grösse der Stücke 20 bis 30 Minuten.
   Beim Grillieren gehen wir gleich vor. Tofu kann auch über dem offenen Feuer grilliert werden. Ganz fester Tofu lässt sich sogar aufspiessen und wie eine Wurst braten.

2. Zerstossen oder in Klumpen gebrochen. Wir geben den Tofu in eine Schüssel und zerstossen ihn gründlich mit einer Gabel. Wenn wir grössere Klumpen wollen, brechen wir ihn durch die Faust. Dann mischen wir Gewürze, Gemüse, Früchte, Nüsse, Eier oder ähnliches dazu. Diese Masse verwenden wir in Aufläufen, Terrinen, «Gefülltem» und Kuchen.
   Auch cremiger Tofu aus dem Mixer eignet sich gut zum Backen. Er wird im Kapitel «Die Verwandlung im Mixer» (Seite 104) besprochen.

Tofu vom Grill

... oder aus dem Ofen.

800 g Tofu	in 3 cm dicke Stangen schneiden. Etwas pressen oder abtropfen lassen.
3 EL Senf 4 EL Öl Pfeffer und Salz nach Belieben 1 Knoblauchzehe, gepresst 1 TL Kräuter	verrühren. Den Tofu mit einer Gabel auf der Oberfläche einritzen und mit der Sauce bestreichen. Etwas ziehen lassen, dann auf dem Grill (oder im Ofen) rundum braun braten. Von Zeit zu Zeit mit der Senfsauce bestreichen.

Tofu nach Matrosenart

600 g Tofu, in Tranchen Miso	die Tranchen auf einer Seite grosszügig bestreichen und aufeinanderlegen.
30 g Butter oder Öl	in einem Topf erwärmen.
Gut 2 EL Ruchmehl	darin anrösten.
2 Zwiebeln, feingehackt 20 g Butter	dazumischen und zugedeckt bei schwacher Hitze 10 Minuten schmoren.
0,3 l Milch oder Wasser	zum Ablöschen.
0,1 l Wein, weiss oder rot	dazurühren.

Hauptgericht

1 Lorbeerblatt	
2 Gewürznelken	
1 Zweiglein Thymian	
1 TL Salz	
frischgemahlener Pfeffer	die Sauce würzen und ein paar Minuten köcheln lassen. Die Tofutranchen schuppenartig in eine eingefettete Auflaufform legen. Die Sauce darüber verteilen.
Paniermehl oder gemahlene Sesamsamen	darüberstreuen. Bei mittlerer Hitze während 30 Minuten überbacken.

Tofu mit Chicorée an Joghurtsauce

1 EL Senf	
1 EL Sojasauce	sämig rühren.
600 g Tofu, in Tranchen	bestreichen und aufeinanderlegen.
25 g Butter	in der Bratpfanne erwärmen.
150 g Champignons, in feinen Scheiben	darin wenden.
1 Pr Salz	beigeben und 4–5 Minuten zugedeckt dämpfen. Die Pilze aus der Pfanne nehmen.
0,1 l Wasser	in die Pfanne geben.
6 Chicorée, der Länge nach halbiert	hineinlegen. Zugedeckt bei schwacher Hitze 10–15 Minuten köcheln lassen, bis sie weich sind. Herausnehmen und etwas abtropfen lassen. In eine gebutterte

Hauptgericht

| | Gratin- oder Auflaufform legen – Spitzen nach aussen gerichtet. (Sie dürfen über den Rand hinausragen.) Die Tofutranchen schuppenartig in die Mitte der Form auf den Chicorée legen. |

Salz oder Würzbrühe nach Geschmack die in der Bratpfanne verbliebene Flüssigkeit würzen.

0,35 l (ca. 2 Becher) Nature-Joghurt dazugeben und mit dem Schneebesen sämig schlagen. Pilze beifügen und langsam zum Kochen bringen. Sofort über den Tofu verteilen und 10–15 Minuten überbacken.

Tofu mit Chicorée an Weinsauce

Den Chicorée statt in Wasser in 0,2 l Weisswein weichkochen. Am Schluss anstelle des Joghurts 0,2 l Rahm in die Gemüsebrühe geben und etwas einkochen lassen.

Varianten: Im Sommer, wenn Chicorée nicht erhältlich ist, kann er durch Zucchetti, Auberginen oder Krautstiele (Mangold) ersetzt werden.

Vorspeise

Timbales (Tofuköpfchen)

Eine delikate Vorspeise, die nach mehr Arbeit aussieht, als sie bereitet.

300 g Tofu mit einer Gabel gründlich zerstossen.

150 g Rahmquark
(dt. Sahnequark)
1 Ei
2 EL Zitronensaft oder Weisswein
1 Pr Muskatnusspulver
3–4 EL frische Kräuter, feingehackt
ein paar Tropfen Sojasauce
ca. 1 TL Salz
1 gehäufter EL Pfeilwurzelmehl zum Tofu geben und gut verrühren. In 4–6 Tassen abfüllen (je nach Grösse der Portionen) und diese mit Alufolie verschliessen. In ein ofenfestes Gefäss stellen und mit Wasser füllen, bis die Tassen bis ca. 1/3 ihrer Höhe darin stehen. 30 Minuten backen bei guter Hitze.

Die fertigen Köpfchen den Rändern nach mit einem Messer lösen und stürzen. Mit einem Stäubchen Chilipulver, Petersilie oder einem Radieschenscheiblein verzieren. Warm oder kalt servieren.

Variante: Timbales können auch auf der Herdplatte im Wasserbad gekocht werden. Der Topf muss verschlossen sein.

Für 4–6 Personen, je nach Grösse der Portionen.

Vorspeise

Annemaries Terrine in Lattich gewickelt
(Abb. S. 77)

Eine Terrine, die sich in den feinsten Küchen sehen lassen kann.

10–12 schöne grosse Lattichblätter 1 l pikante Gemüsebrühe	Die Blätter in der kochenden Brühe abwellen, herausnehmen und die Rippen plattdrücken. Eine eingefettete Terrine oder Auflaufform damit auslegen.
300 g Karotten	der Länge nach halbieren oder vierteln, je nach Dicke. In der Brühe 15 Minuten garen.
250 g grüne Peperoni (dt. Paprika) oder grüne Bohnen	in Längsstreifen schneiden (Bohnen ganz lassen) und in der Bouillon 5 Minuten garen.
600 g Tofu 1 1/2 EL Essig je 1/4 TL Basilikum und Thymian Salz 2 EL Olivenöl oder 4 EL Vollrahm Pfeffer aus der Mühle	den Tofu mit der Gabel zerstossen und würzen.

Tofu und Gemüse in folgender Reihenfolge auf die Lattichblätter schichten: 1 Lage Tofu, die Hälfte der Karotten, eine Lage Tofu, die Peperoni oder Bohnen, eine Lage Tofu, die 2. Hälfte der Karotten, den Rest des Tofus. Mit den Lattichblättern zudecken.

Die Form mit einem Deckel schliessen oder mit Alufolie bedecken. Ein Loch machen oder eine Ecke offenlassen, damit der Dampf abziehen kann. Die Form auf ein Backblech stellen und dieses zu ¾ mit Wasser füllen. Auf der untersten Rille im Backofen bei 180–200° 30–40 Minuten pochieren.
Diese Terrine kann auch im Wasserbad auf dem Herd gekocht werden. Ein Tüchlein zwischen Pfannenboden und Form verhindert, dass sich diese bewegt. Kochzeit ca. 50 Minuten.
Frisch servieren oder einen Tag ziehen lassen. Mit einem scharfen Messer Tranchen schneiden. Die «klare Sauce» heiss darübergeben.

Klare Sauce

½ l von der Brühe, in der das Gemüse gekocht wurde zum Kochen bringen.

1 gehäufter EL Pfeilwurzelmehl in wenig Wasser anrühren und unter schnellem Rühren in die Brühe geben. Weiterrühren, bis sie eindickt.

Feingehackter Schnittlauch beifügen. In einer Saucière angerichtet zur Tofuterrine servieren.

Die Terrine kann warm oder kalt gereicht werden. Die Sauce muss heiss sein.

Hauptgericht

Südländischer Makaroni-Auflauf

1 TL Salz	
2 EL Olivenöl	
2 EL Weisswein	
1 Knoblauchzehe, gepresst	
¼ TL Oregano	
viel frischgemahlener Pfeffer	verrühren.
300 g Tofu	in kleine Würfel schneiden und mit der Sauce übergiessen. Von Zeit zu Zeit wenden.
2 l Salzwasser	zum Kochen bringen.
300 g Vollkornmakaroni	knapp garkochen.
1 TL Olivenöl	in der Bratpfanne erwärmen.
1 Zwiebel, feingehackt	glasig dünsten.
1 Peperoni (dt. Paprika), in feinen Streifen	
1 Zucchetti oder ½ Gurke, in kleinen Würfeln	3–4 Minuten mitdünsten.
1 Pr Salz	daruntermischen. Zudecken und vom Feuer nehmen. Eine eingefettete Auflaufform bereitstellen. Die Hälfte der Makaroni mit einer gelochten Kelle aus dem Wasser heben und tropfnass in die Form geben. Das Gemüse und ein Drittel vom Tofu darüber verteilen. Mit den restlichen Makaroni zudecken.
2–3 Tomaten	in Scheiben schneiden und die Maka-

Hauptgericht

roni damit belegen. Den restlichen Tofu mit der Sauce darüber verteilen.

Bei guter Hitze 20–30 Minuten überbacken. Für 3–4 Personen.

Tofu Manicotti

Meine Kollegin Dianne hatte dieses italienische Gericht für unser Restaurant konzipiert. Es war eine unserer beliebtesten Spezialitäten.

Rollen:
300 g Vollkornmehl
1 EL Pfeilwurzelmehl oder Kuzu
½ TL Salz vermischen.

¾ l Wasser hineinrühren und mit einer Holzkelle ein paar Minuten schlagen. Mindestens ½ Std. kühlstellen. Möglichst dünne Pfannkuchen (Crêpes) von ca. 12 cm Durchmesser herstellen.

Füllung:
500 g Spinat
2 EL Wasser in einer geschlossenen Pfanne 3–4 Minuten dämpfen, bis er zusammenfällt. Im Mixer ganz kurz pürieren oder durchs Passevite drehen.

600 g Tofu, in der Faust zerkrümelt
2 Messerspitzen Muskatnusspulver
1 TL Salz
frischgemahlener Pfeffer mit dem Spinat gut vermischen. Wenn die Füllung Saft zieht, diesen zurückbe-

Hauptgericht

	halten und für die Sauce verwenden. Auf die Pfannkuchen legen und einrollen. In eine mit Olivenöl eingefettete Auflaufform legen.
Sauce:	
2 EL Olivenöl	in der Bratpfanne erwärmen.
2 Zwiebeln, feingehackt 2 Knoblauchzehen, feingehackt	glasig braten.
¼ l Wasser oder Flüssigkeit von der Füllung 4 EL Tomatenpüree 6 EL Rotwein 2 EL Miso oder 2 TL Würzpaste	verrühren und die Zwiebeln damit ablöschen.
½ TL Oregano ½ TL Basilikum	dazugeben. Alles gut verrühren und über die Rollen verteilen.
100 g Hartkäse, gerieben	darüberstreuen. Bei guter Hitze während 15–20 Minuten überbacken.

Kohlwähe

Vollkornteig aus 300 g Mehl	nach Grundrezept (s. unten) zubereiten. Auswallen, auf das Blech legen, einen Rand hochziehen, mit einer Gabel einstechen und kühlstellen.
1 EL Öl	in einer grossen Bratpfanne erwärmen.
½ TL Kümmel	kurz darin rösten.

1 Zwiebel	glasig dünsten.
100 g Karotten, in kleinen Würfeln	mitbraten.
Ca. 600 g Kohl, Wirsing oder Federkohl, in feine Streifen geschnitten oder gehobelt	dazugeben und unter Rühren dünsten, bis er zusammenfällt. Zugedeckt auf kleinem Feuer 5 Minuten dämpfen.
Pfeffer und Salz nach Geschmack	würzen. Das Gemüse auf den Teigboden verteilen.
400 g Tofu	durch die Faust gedrückt über das Gemüse verteilen.
Pfeffer und Salz oder Sesamsalz oder Kräutersalz	darüberstreuen. Bei mittlerer Hitze 30–35 Minuten backen.

Diese Wähe schmeckt auch kalt sehr gut.
Ergibt eine Wähe von 28 cm Durchmesser.

Varianten:
  Der Vollkornteig kann durch einen gekauften Kuchenteig ersetzt werden.
– Anstelle von Kohl können viele andere Saisongemüse verwendet werden, z.B. Broccoli, Mangold, Zucchetti. Voraussetzung ist, dass sie nicht zu trocken sind.

Kuchen, Hauptgericht

Grundrezept für Vollkornteig

300 g Vollkornmehl
½ TL Salz   verreiben.

10 EL kochendes Wasser
4 EL Öl   mit einer Gabel oder dem Schneebesen gut verrühren, bis die Flüssigkeit milchig wird. Über das Mehl giessen und sofort einen Teig bilden.

Ergibt 1 Kuchen von 28 cm ⌀ oder 2 mittlere Strudel.

Vergrösserung der Menge:
Wir verwenden
450 g Mehl
¾ TL Salz
0,25 l Wasser
und 6 EL Öl.

Griechischer Spinatstrudel

Eines meiner ersten «westlichen» Tofurezepte. Schmeckt warm oder kalt.

Vollkornteig aus
450 g Mehl   nach Grundrezept (siehe oben) zubereiten. Ein paar Minuten kneten und ½ Std. kühlstellen.

1 kg Spinat   waschen, grosse Blätter in 2–3 cm breite Streifen schneiden.

2 EL Wasser   den Spinat 5 Minuten dämpfen.

2 Knoblauchzehen, gepresst
2 TL Dillspitzen oder
2 EL frischer Dill
½ TL Oregano
1 EL Olivenöl
2 TL Salz
400 g Tofu, in Stücke zerkrümelt
2 Eier, verquirlt, oder 1 gehäufter EL Pfeilwurzelmehl, in etwas Wasser angerührt

mit dem Spinat vermischen. Den Teig nochmals gründlich durchkneten und in 2 Hälften teilen. Messerrückendick zu einem grossen Rechteck auswallen. Mit etwas Mehl bestäuben, aufs Wallholz aufrollen und auf ein eingeöltes Kuchenblech abrollen. Die Hälfte des Spinats – ohne Saft – über die Mitte des Teiges legen. Oben und unten ca. 5 cm freilassen. Den Teig zuerst oben und unten, dann von beiden Seiten einschlagen. Stupfen. Den 2. Strudel herstellen. Bei mittlerer Hitze ca. 30 Minuten backen. Nach Belieben die Strudel während der Backzeit 2–3mal mit Butter bestreichen.

Ergibt 2 Strudel = 6–8 Portionen.

Variante:
Anstelle des Vollkornteigs einen gekauften Blätterteig verwenden.

Osterkuchen

Dieser nahrhafte Kuchen schmeckt nicht nur an Ostern.

Teig:
20 g Frischhefe
0,05 l lauwarmes Wasser
oder Milch   auflösen.

50 g Butter   in kleinen Stücken dazuschneiden.

300 g Vollkornmehl
½ TL Salz   verreiben und zur Hefe geben. Ein paar Minuten kneten, bis ein glatter Teig entsteht. An einem warmen Ort ca. 1 Std. aufgehen lassen. Auswallen, auf ein Kuchenblech legen, einen Rand hochziehen und mit einer Gabel einstechen.

Füllung:
4 EL gemahlene Mandeln   über den Kuchenboden streuen.

400 g gekochter Reis
ca. 5 EL Rosinen   vermischen und auf den Kuchen verteilen.

Guss:
250 g Tofu
150 g Rahmquark
(dt. Sahnequark)   mit einer Gabel zerstossen.

0,1 l Milch
2 Eier
50–75 g Birnendicksaft
oder sonstiges natürliches
Süssmittel
1 TL Vanillezucker oder
-extrakt
abgeriebene Schale von
½ Zitrone   dazugeben und mit dem Schneebesen

Süss-Speise

verrühren. Über den Reis giessen. Bei mittlerer Hitze ca. 40 Minuten backen.

Varianten:
- Anstelle des Hefeteigs den «Vollkornteig» nach Grundrezept auf Seite 88 oder einen gekauften Kuchenteig verwenden.
- Anstelle von Rosinen den Kuchenboden mit Aprikosenkonfitüre bestreichen.

Reisauflauf

... oder der «Osterkuchen» ohne Boden.

800 g gekochter Vollreis 4 EL gemahlene Mandeln 6 EL Rosinen	vermischen. Locker in eine bebutterte Auflaufform geben.
250 g Tofu	mit der Gabel zerstossen.
150 g Rahmquark (dt. Sahnequark) 0,3 l Milch 2 Eier 75 g Birnendicksaft oder sonstiges natürliches Süssmittel 1 TL Vanillezucker oder -extrakt abgeriebene Schale von ½ Zitrone	dazugeben und mit dem Schneebesen verrühren. Über den Reis giessen. Bei mittlerer Hitze 30–40 Minuten überbacken.

Kuchen

Tofu-Apfelstrudel

Vollkornteig aus 300 g Mehl	nach Grundrezept auf Seite 88 zubereiten. Ein paar Minuten kneten und ½ Std. kühlstellen.
150 g Sultaninen 2 EL Kirsch	einweichen.
300 g Tofu	mit der Gabel zerstossen.

2 kleine Äpfel, feingerieben
100 g gemahlene Mandeln
3–4 EL Birnendicksaft oder sonstiges Süssmittel
2 TL Zimtpulver
5 g Bittermandeln oder 1 TL Bittermandelessenz
abgeriebene Schale von ½ Zitrone

mit Tofu, Sultaninen und Kirsch gut mischen. Den Teig nochmals gründlich durchkneten und in 2 Hälften teilen. Messerrückendick zu einem Rechteck auswallen. Mit etwas Mehl bestäuben, aufs Wallholz aufrollen und auf ein eingeöltes Kuchenblech abrollen. Die Hälfte der Füllung über die Mitte des Teiges legen. Oben und unten ca. 5 cm freilassen. Den Teig zuerst oben und unten, dann von beiden Seiten einschlagen. Stupfen. Den 2. Strudel herstellen. Bei mittlerer Hitze ca. 30 Minuten backen. Nach Belieben die Strudel während der Backzeit 2–3mal mit Butter bestreichen. Ergibt 2 Strudel.

Süss-Speise

Varianten:
- Anstelle des Vollkornteigs einen gekauften Blätterteig verwenden.
- Einen Teil der gemahlenen Mandeln durch Okara (Faserrückstände aus der Tofuherstellung, s. Seite 140) ersetzen.

Gefüllte Äpfel

8 mittlere bis kleine Äpfel	waschen, das Kernhaus entfernen. In eine Gratinform stellen.
50 g Sultaninen 1 EL Zitronensaft oder feiner Schnaps	einlegen.
4 EL gemahlene Nüsse 1 TL Zimt etwas abgeriebene Zitronenschale 150 g Tofu	dazumischen und gut verrühren. Die Äpfel füllen. Wenn die Füllung nicht ganz hineinpasst, auf die Äpfel aufhäufen.
Butter, nach Belieben	auf jedes Häufchen eine Butterflocke drücken.
¼ l Apfelsaft	in die Form giessen. Bei mittlerer Hitze ca. 30 Minuten backen.

Den Tofu aufs Eis gelegt

Das Einfrieren von Tofu ist keine Erfindung des Kühltruhenzeitalters. Es wird in China und Japan seit Jahrhunderten in kalten Winternächten praktiziert. Es verändert die Struktur des Tofus, macht ihn faseriger, fester und «fleischähnlicher».
Wir legen den Tofu ohne Wasser in einem Gefäss, Plastiksack oder Vakuumbeutel ins Tiefkühlfach und lassen ihn dort mindestens 24 Stunden gefrieren. Monatelanges Einfrieren schadet dem Tofu nicht – im Gegenteil – er gewinnt noch an Geschmack. Kleine Stücke gefrieren schneller und sind schneller wieder aufgetaut.
Wenn wir genügend Zeit haben, können wir den Tofu im Kühlschrank oder bei Zimmertemperatur auftauen lassen. Zum sofortigen Gebrauch legen wir ihn in ein Gefäss und giessen siedend heisses Wasser darüber. Wir lassen ihn 10–15 Minuten auftauen und spülen dann mit kaltem Wasser nach. Mit leichtem, aber nachhaltigem Handdruck pressen wir das Wasser aus dem aufgetauten Tofu. Erschrecken Sie nicht über sein gelbliches, schwammiges Aussehen – er hat nichts von seinen kulinarischen Qualitäten eingebüsst.
Tofu kann auch in gefrorenem Zustand geraffelt werden. Wenn er für diesen Zweck zu hart oder zu «eisig» ist, spülen wir ihn mit warmem Wasser ab oder lassen ihn ein paar Minuten bei Zimmertemperatur liegen. Die Mengen in den folgenden Rezepten beziehen sich auf das Frischgewicht des Tofus.

Das Gefriertrocknen dient vor allem zur Haltbarmachung von Tofu. Gefriergetrockneter Tofu ist dem gekauften «Sojafleisch» ähnlich, wird aber auf schonendere, natürliche Weise hergestellt und ist leichter verdaulich.
Aus gefrorenem und wieder aufgetautem Tofu pressen wir soviel Wasser wie möglich, indem wir ihn in ein sauberes Tuch einwickeln und dieses auswringen. Dann geben wir ihn in eine Schüssel und zerhacken ihn mit einer Gabel. Diese Krumen vermischen wir mit Sojasauce, Miso oder Würzpaste (ca. 1 EL Sojasauce oder Miso oder

Salat

½ EL Würzpaste pro Tasse Tofu) und verteilen sie auf ein Backblech. Nun lassen wir sie bei kleinstmöglicher Hitze im Backofen oder über einem Radiator gründlich trocknen. In einem verschlossenen Behälter aufbewahrt, hält sich Tofu so über Monate.
Zur Weiterverarbeitung lassen wir die Krumen in warmem Wasser aufquellen (1 Tasse Wasser auf 1 Tasse Tofu) und verwenden sie wie Hackfleisch.

Salade niçoise

Die Thunfische dürfen am Leben bleiben!

500 g gefrorener Tofu	auftauen, das Wasser herauspressen.
2 TL Senf	
2 Knoblauchzehen, gepresst	
4 EL Olivenöl	
2 EL Zitronensaft oder Essig	
2 El Sojasauce	mit dem Schneebesen gut verrühren. Den Tofu zerbröckeln und dazumischen.
1 Zwiebel, feingehackt	
12 Oliven, feingeschnitten oder ganz	
3 Cornichons, feingeschnitten	
1–2 EL Petersilie, feingehackt	mit der Sauce und dem Tofu vermischen.
1 Tomate, in Würfeln	nach Wunsch den Salat garnieren.

Als Vorspeise oder als Beilage zu einem Salatteller servieren. Salade niçoise schmeckt auch am 2. Tag prima, wenn er etwas gezogen hat.

Hauptgericht

Tofu-Spiessli
(Abb. S. 16 und 17)

Gut 600 g gefrorener Tofu	auftauen, das Wasser herauspressen und in 18 Würfel schneiden.
Gut 400 g frischer Tofu 1 l Brühe	in 12 Würfel schneiden, die Brühe zum Kochen bringen und die Tofuwürfel hineingeben. Wieder aufkochen lassen, Hitze ausschalten und den Tofu 5–10 Minuten ziehen lassen. Herausnehmen und abtropfen lassen.
1–2 Zucchetti, in Rondellen 6 Broccoliröschen 6 Blumenkohlröschen 1 Zwiebel, in 6 oder 12 Halbmonde geschnitten 6 Champignons	abwechslungsweise mit dem Tofu auf Grillspiesse stecken. (Wenn Holzstäbchen verwendet werden, diese vorher in Wasser einlegen.) Im Ofen, Grill oder über einem offenen Feuer braun braten.
2 EL Sojasauce 2 EL Öl oder Butter 1 Knoblauchzehe, gepresst 1 TL Zitronensaft oder Essig	verrühren. Die Spiessli während dem Braten mehrere Male damit bepinseln.

Ergibt: 6 Portionen.

Varianten:
Je nach Jahreszeit können anstelle von

Hauptgericht

Blumenkohl und Broccoli andere Gemüse verwendet werden, z. B. Peperoni (dt. Paprika), Auberginen, Kürbis, Fenchel.

Tip:
Die Brühe als Suppen- oder Saucengrundlage verwenden oder mit Croutons und feingehackten Kräutern zu den Spiessli reichen.

Panierte Schnitzel aus gefrorenem Tofu

800 g gefrorener Tofu	auftauen, das Wasser herauspressen, Tofu in 1 cm dicke Tranchen schneiden.
¾ l Brühe	zum Kochen bringen und die Tranchen hineingeben. 15 Minuten köcheln lassen. Herausnehmen und abtropfen lassen.
Mehl	die Tranchen bestäuben oder darin wenden.
1 Ei ½ TL Salz ½ EL Milch oder Wasser	verrühren. Die Tranchen darin wenden, am Tellerrand abstreichen.
100 g Paniermehl 1 EL Pfeilwurzelmehl	mischen und die Tofutranchen damit beschichten.
Reichlich Öl oder Butter	Tofu bei mässiger Hitze goldbraun braten. Schuppenartig auf eine Platte

Hauptgericht

anrichten. Mit Zitronenschnitzen und Petersilie garnieren.

Varianten:
- Die Tofuschnitzel fritieren.
- 2 EL Sesamsamen unter das Paniermehl mischen.
- Panierte Schnitzel nach Mailänder Art: 1/3 des Paniermehls durch geriebenen Parmesan ersetzen.

Verwendung für die Brühe siehe «Tip» Seite 98.

Tofu-Stroganoff

600 g gefrorener Tofu	auftauen, das Wasser herauspressen. In Blättchen schneiden.
1 EL Butter oder Öl	in der Bratpfanne erwärmen.
1 grosse Zwiebel, feingehackt	glasig braten. Die Tofublättchen beifügen und unter Rühren andünsten, bis sie anfangen braun zu werden.
Wasser oder Milch	zum Abloschen. Soviel Flüssigkeit beifügen, bis alle Tofublättchen knapp bedeckt sind.
1 Lorbeerblatt 1/4 TL Basilikum 1/4 TL Salbei 1/2 TL Salz	zugeben und zugedeckt 10–15 Minuten schmoren lassen.
1–2 EL Sojasauce	zum Abschmecken.

Hauptgericht

1 EL Pfeilwurzelmehl, in wenig Wasser angerührt	in die Sauce rühren, bis sie eingedickt ist. Vom Feuer nehmen und über Getreide, Teigwaren, Kartoffelstock etc. servieren.

Sauce Bolognese
(Abb. S. 95)

400 g geforener Tofu	auf der Röstiraffel reiben. Wenn zuviel Eis daran ist, mit warmem Wasser abspülen.
2 EL Olivenöl	in der Bratpfanne erwärmen. Den Tofu darin unter Rühren anbraten.
1–2 Zwiebeln, feingehackt 1 Knoblauchzehe, gepresst	beifügen. Rühren.
1 Karotte, kleingeschnitten 1 Stück Sellerieknollen, kleingeschnitten	beifügen. Rühren.
5–6 frische Tomaten, in kleine Würfel geschnitten oder 1 Büchse Pelati	beifügen.
¼ TL Rosmarin 1 Pr Majoran 1 Lorbeerblatt 1 EL Tomatenpüree, nach Belieben	dazumischen.
Salz und Pfeffer	nach Geschmack.
0,2 l Wasser	zum Ablöschen. Zugedeckt auf kleinem Feuer schmoren lassen (ca. 1 Std.).

0,2 l Rotwein
0,1–0,2 l Wasser während dem Schmoren nach und nach beifügen.

Über Vollkornteigwaren servieren. Geriebenen Käse darüberstreuen.

Varianten:
- Je nach Saison anstelle von Sellerie eine kleingeschnittene Peperoni verwenden.
- Sauce Bolognese kann auch mit frischem Tofu zubereitet werden. Rührtofu nach Rezept auf Seite 32 herstellen und die Sauce wie oben fertigmachen.

Fenchelgratin

400 g gefrorener Tofu auftauen, das Wasser herauspressen. In Stäbchen schneiden.

½ l Wasser
1 TL Salz
2 EL Sojasauce oder Würzbrühe nach Geschmack aufkochen und die Stäbchen hineingeben. Ca. 10 Minuten köcheln lassen. Herausnehmen und warmstellen.

2 Fenchelknollen, in Streifen
4 EL Weisswein in die kochende Brühe geben und zugedeckt 15 Minuten kochen. Herausneh-

Hauptgericht

	men, mit dem Tofu vermischen und auf eine eingefettete Gratinform verteilen.
2 EL Mehl	in wenig kaltem Wasser anrühren. In die Brühe rühren und etwas kochen lassen.
4 EL Rahm	beifügen. Die Sauce über Tofu und Fenchel giessen.
6–8 EL geriebener Emmentaler oder Greyerzer	darüberstreuen und im Grill oder Ofen 15 Minuten überbacken.

Varianten:
Anstelle von Fenchel können Blumenkohl, Broccoli oder Zucchetti verwendet werden.

Moussaka

Eine griechische Spezialität, die zu einem Festschmaus werden kann.

400 g gefrorener Tofu	auftauen, das Wasser herauspressen. Zerbröckeln.
3 EL Sojasauce	darübergeben und vermischen.
Ca. 600 g Auberginen	in ½–1 cm dicke Scheiben schneiden.
Olivenöl	die Auberginen beidseitig in einer gedeckten Bratpfanne anbraten und auf einen Teller legen.
1 grosse Zwiebel, feingehackt 2 Knoblauchzehen, feingehackt	

100 g Champignons, in Blättchen geschnitten	
2 grosse Tomaten, gewürfelt	
Olivenöl	die Gemüse unter Rühren im Öl ein paar Minuten dünsten.
½ Ta Wasser	zum Ablöschen.
¼ TL Basilikum	
¼ TL Salbei	
¼ TL Oregano	
½ TL Salz	
Pfeffer aus der Mühle	das Gemüse würzen, zudecken und 5 Minuten garen.
Auberginen, Tofu und Gemüse	in dieser Reihenfolge in Lagen in eine eingefettete Auflaufform schichten. Letzte Lage: Auberginen.
Ca. 0,4 l weisse Sauce (Zubereitung nach Grundrezept auf S. 40)	
100–150 g geriebenen Emmentaler	die Hälfte der Sauce, dann die Hälfte des Käses über die Auberginen verteilen. Wiederholen und bei guter Hitze 20–30 Minuten gratinieren. Etwas abgekühlt mit griechischem Salat (S. 25) und Vollreis servieren.

Sauce

Die Verwandlung im Mixer

Der Mixer macht aus dem Tofu ein völlig neues, herrlich sämiges Produkt, welches an Mayonnaise, gerührten Quark oder Schlagrahm erinnert. Aus dieser Masse lassen sich im Nu schmackhafte und gesunde Mayonnaisen, Salatsaucen, Dips, Crèmes, Puddings und sogar Frappés und Eis herstellen.
Gemixter Tofu eignet sich aber auch für Kuchen, sei es als Guss für Früchtekuchen, als Füllung für «Quarkkuchen» oder zum Binden und Feuchthalten von Kuchenteig anstelle von Eiern.
Wir geben immer zuerst etwas Flüssigkeit in den Mixer. Die Menge richtet sich nach der Festigkeit des Tofus und nach der gewünschten Konsistenz der Crème. Weicher Tofu ist besonders vorteilhaft für das Mixen, da er weniger Flüssigkeit braucht und zartschmelzender wird. Wenn die Flüssigkeit eher knapp bemessen oder der Tofu sehr fest ist, geben wir ihn nur langsam, Stück um Stück, zu den flüssigen Zutaten.
Tofucrèmes lassen sich auch mit dem Stabmixer oder in einer Mehrzweck-Küchenmaschine mit Horizontalmesser herstellen. Wer keine elektrische Küchenmaschine zur Verfügung hat, kann den Tofu mit einem Teigschaber durch ein Haarsieb streichen. Die übrigen Zutaten – Aromen und Flüssigkeit – werden dann mit dem Schneebesen kräftig daruntergerührt.

Sauce

Tofu-Mayonnaise

Diese «Alternativmayonnaise» enthält Eiweiss statt Fett.

4 EL Essig oder
Zitronensaft
1 TL Salz
½ TL Senf oder
Senfpulver
1 TL Honig
4 EL kaltgeschlagenes Öl
400 g Tofu in den Mixer geben und crèmig schlagen. Die Mengen für die Zutaten können je nach Festigkeit des Tofus etwas variieren.

Varianten:
– Je nach Geschmack können folgende Zutaten mitgemixt werden: frischgemahlenen Pfeffer, 1 gepresste Knoblauchzehe, 1 TL Currypulver.
– Anstelle von Salz 1 TL Würzextrakt oder 2 TL Miso nehmen.
– Folgende Zutaten können unter die fertige Sauce gemischt werden: feingehackte frische Kräuter, 1 kleine Zwiebel, feingehackt und in etwas Butter glasig gebraten, 1 Stück Peperoni (dt. Paprika), kleingewürfelt und in Butter oder Öl weichgebraten.

Grüne Sauce

Saft von 1 Zitrone
3 EL Olivenöl
1–2 Knoblauchzehen, gepresst
1 Handvoll frische Kräuter (Basilikum, Dill, Liebstökkel, Petersilie, Schnittlauch usw.), grobgehackt
1–2 Blätter roher Spinat, für die Farbe, nach Belieben
½ TL Salz
1 TL Sojasauce oder Miso   im Mixer pürieren.

200 g Tofu   in den Mixer brechen und mit den übrigen Zutaten zu einer Crème schlagen. Zu Kartoffeln, Kräckern, Rohgemüse, oder als Brotaufstrich reichen.

Variante:
Wenn keine frischen Kräuter zur Verfügung stehen, diese durch 1 EL getrocknete Kräuter nach Geschmack ersetzen.

Grüne Salatsauce

Wie «Grüne Sauce» zubereiten. Etwas mehr Flüssigkeit nehmen, z. B. Öl, Essig, Zitronensaft, Milch, Joghurt, Wasser und mit etwas mehr Salz, Miso oder Sojasauce würzen.

Sauce, Salat

Cocktailsauce auf russische Art

2 EL kaltgepresstes Öl
2 EL Zitronensaft oder Essig
2 Knoblauchzehen, gepresst
1 EL Sojasauce
1–2 EL Tomatenpüree
¼ TL Salbei
¼ TL Basilikum
½ TL Paprika
200 g Tofu   im Mixer crèmig schlagen. Mit Kräckern oder rohen Gemüsestücken als Dip (Tunke) servieren oder als Brotaufstrich für belegte Brötchen und Sandwichs verwenden.

Kartoffelsalat

500 g Kartoffeln   im Dampfkochtopf ca. 10 Minuten weichdämpfen. Nach Belieben schälen und in Scheiben schneiden.

1 kleine Zwiebel, feingehackt
1 EL Petersilie, feingehackt
Gut 200 g Tofu-Mayonnaise (Rezept S. 104)   mit den noch warmen Kartoffeln vermischen. Warm oder kalt servieren.

Salat, Suppe

Kashasalat

Kasha ist gerösteter Buchweizen und gehört in vielen Teilen Osteuropas zum täglichen Brot. Für uns ist der Buchweizengeschmack ungewohnt, aber nur durch Probieren findet man heraus, ob er einem zusagt.

200 g Buchweizen	in einem Topf ohne Öl etwas anrösten und nach Anleitung auf Seite 158 zubereiten.
1 Portion «Grüne Sauce»	nach Rezept auf Seite 107 zubereiten. Mit dem gekochten, etwas ausgekühlten Buchweizen vermengen. Mit Tomaten- und Gurkenscheiben garniert servieren.

Rohe Tomatensuppe

Ein erfrischendes Sommergericht.

250 g Tomaten, grobgeschnitten	
1 kleine Zwiebel, grobgehackt	
0,3 l rezente Brühe	
1 EL Zitronensaft	
1 TL Honig	
½ TL Paprika	
frischgemahlener Pfeffer	
1 EL Olivenöl oder	
2 EL Rahm (dt. Sahne)	
250 g Tofu	im Mixer pürieren.
250 g Tomaten	in mundgerechte Würfel schneiden und mit dem Püree vermischen. In eine Suppenschüssel anrichten.

Hauptgericht

2–3 EL feingehackte, frische Kräuter	darüberstreuen. Kalt servieren.

Varianten:
- Die «rezente Brühe» kann durch 3 EL Miso und 0,3 l Wasser ersetzt werden.
- Anstelle von 250 g Tomatenwürfeln 250 g Gurkenwürfel in die Suppe mischen.

Lauch-Wähe

Vollkornteig aus 300 g Mehl	nach Grundrezept auf S. 88 zubereiten. Auswallen, auf das Blech legen, einen Rand hochziehen, mit einer Gabel einstechen und kühlstellen.
1 EL Öl	in einer grossen Bratpfanne erwärmen.
2 Karotten oder 1/3 Sellerieknollen, in kleinen Würfeln	andünsten.
500 g Lauch, halbiert und feingeschnitten	mitdünsten, bis er zusammenfällt. Etwas auskühlen lassen und über den Teigboden verteilen.
1/8–1/4 l Saft, der sich beim Dünsten des Lauchs gebildet hat oder Wasser oder Milch 2 EL Olivenöl oder Rahm 1 EL Sojasauce 1 TL Salz oder 1 EL Miso 1 Pr Muskatnusspulver	

Kuchen

¼ TL Thymian
2 Knoblauchzehen, gepresst
400 g Tofu   im Mixer crèmig schlagen und über das Gemüse verteilen.

Paniermehl oder geriebener Käse   über den Tofu streuen. Bei 200° 30–40 Minuten backen.

Variante:
Anstelle des Lauchs Zwiebeln verwenden.

Apfelschnitten

Haferflockenteig   nach Grundrezept auf S. 112 zubereiten. Auf eine rechteckige Kuchenform von ca. 20 × 30 cm verteilen.

0,2 l Milch, Wasser, Orangensaft oder Süssmost
abgeriebene Schale von je ½ Orange und Zitrone
3 EL Birnendicksaft oder sonstiges Süssmittel
¼ TL Zimtpulver
¼ TL Korianderpulver
1 TL Vanillezucker
1 Pr Salz oder 1 TL Miso
250 g Tofu   im Mixer crèmig schlagen und den Teigboden damit bestreichen.

6 mittelgrosse Äpfel   auf der Röstiraffel reiben und gleichmässig über den Tofu verteilen. Etwas plattdrücken. Bei mittlerer Hitze ca. 35 Minu-

ten backen, bis die Äpfel goldbraun sind.

Ergibt 12 oder 16 Schnitten. Es kann auch eine runde Kuchenform von ca. 28 cm Durchmesser verwendet werden.

Grundrezept für Haferflockenteig

200 g Haferflocken 75 g Vollkornmehl 3 EL Sesamsamen, geröstet 1 Pr Salz	in einer Schüssel mischen.
5 EL Öl oder flüssige Butter 3–4 EL natürliches Süssmittel 6 EL heisses Wasser oder Milch	verrühren und zur Haferflockenmischung geben. Einen Teig bilden. Auswallen oder, wenn er sehr krümelig ist, direkt in die Kuchenform geben und mit feuchten Händen glattpressen.

Ergibt einen Kuchenboden von ca. 28 cm Ø oder 20 × 30 cm.

Apfeltorte mit Tofu und Quark

(Abb. S. 105)

Teig:
200 g Vollkornmehl
1 Pr Salz
30 g Butter oder Öl   miteinander verreiben.

100 g Tofu
1 EL Quark
2 TL Zitronensaft
2½ EL natürliches
Süssmittel   dazumischen, bis ein feuchter Teig entsteht. Auf einem eingefetteten Blech verteilen, einen Rand hochziehen und ca. 30 Minuten kühlstellen.

Guss:
3 EL Quark
⅛ l Milch
2 TL Zitronensaft
3 EL Birnendicksaft
1 Ei
1 Messerspitze Zimtpulver
1 Pr Salz oder ½ TL Miso
100 g Tofu   im Mixer cremig schlagen.

3–4 Äpfel   halbieren, das Kerngehäuse entfernen. Die Hälften in Schnitze schneiden und, ohne sie voneinander zu trennen, auf dem Kuchenboden anordnen. Den Guss dazugeben, jedoch die Äpfel nicht übergiessen. Bei 200° 30–40 Minuten backen.

Ergibt einen Kuchen von 24–26 cm ⌀.

Variante:
Anstelle von Vollkornmehl folgende Mischung verwenden: 80 g Vollweizenmehl, 80 g Roggenmehl, 40 g Okara (Faserrückstände von der Tofuherstellung, siehe Seite 140).

Birnentorte mit Tofu und Quark

Wie Apfeltorte zubereiten, jedoch anstelle der Äpfel Birnen verwenden und den Zimt durch Muskatnusspulver ersetzen.

Kürbiskuchen

Vollkornteig aus
300 g Mehl nach Grundrezept auf S. 88 zubereiten. Auswallen, auf das Blech legen, einen Rand hochziehen, mit einer Gabel einstechen und kühlstellen.

800–900 g Kürbis in grosse Stücke schneiden.

Süssmost (die Menge kann je nach Kürbisart variieren) den Boden des Dampfkochers 1/2 cm hoch bedecken. Die Kürbisstücke darin 1/2 Std. weichdämpfen.

1 gehäufter EL Pfeilwurzelmehl
4 EL Sucanat oder sonstiges natürliches Süssmittel
1 EL Zimtpulver
1 EL Miso oder 1 Pr Salz

Kuchen

1 Messerspitze
Muskatnusspulver
150 g Tofu mit einem Teil des gekochten Kürbis im Mixer pürieren. In eine Schüssel geben. Den restlichen Kürbis pürieren und die ganze Füllung gut mischen. Über den Teigboden giessen. Bei mittlerer Hitze 45 Minuten bis 1 Std. backen.

Wenn möglich den Kuchen 1 Tag ziehen lassen. Mit einem Tupfer Schlagrahm oder «geschlagenem Tofu» (S. 123) reichen.

Der Kuchen reicht für 8 Portionen.

Fruchttorte mit Agar-Agar-Glasur

Fast alle Beeren- und Fruchtsorten eignen sich für dieses Rezept. Im Sommer nehmen wir zarte Beeren, die wir nicht erhitzen wollen, im Winter eingemachte, also schon gekochte Früchte. Den Sirup verwenden wir für die Agar-Glasur. Sehr schön wird dieser Kuchen auch mit frischen Orangenscheiben.

Vollkornteig 300 g Mehl nach Grundrezept auf S. 88 zubereiten. Auswallen, auf das Blech legen, einen möglichst hohen Rand hochziehen, mit einer Gabel einstechen und kühlstellen.

3 EL gemahlene
Haselnüsse über den Teigboden streuen.

Gut ⅛ l Süssmost
3 EL Birnendicksaft oder sonstiges natürliches Süssmittel

Kuchen

2 TL Vanillezucker	
1 Pr Salz	im Mixer cremig schlagen. Über den Kuchenboden giessen. Bei mittlerer Hitze 30–40 Minuten backen. Wenn möglich 24 Std. ziehen lassen.
300–400 g Beeren oder Früchte	auf der Tofufüllung schön anordnen.
¼ l Süssmost oder Fruchtsaft oder Fruchtsirup ½ TL Agar-Agar-Pulver 1 EL feiner Schnaps oder Zitronensaft	zum Kochen bringen. 1–2 Minuten köcheln lassen. Über die Früchte giessen und im Kühlschrank oder bei Zimmertemperatur fest werden lassen.

Tofukuchen mit Heidelbeeren

Haferflockenteig	nach Grundrezept auf S. 112 zubereiten.
2 Eier ⅛ l Birnendicksaft Saft von 1 Zitrone 1 TL Vanillezucker ¼ TL Salz oder ½ TL Miso 500 g Tofu	im Mixer crèmig schlagen. Die Hälfte über den Kuchenboden verteilen.
350 g Heidelbeeren	über den Tofu geben. Mit der restlichen Tofucrème zudecken. Bei mittlerer Hitze während 45 Minuten backen.

Ergibt einen Kuchen von ca. 28 cm Durchmesser.

Kuchen

Varianten:
Die Heidelbeeren können durch andere Beeren oder Früchte der Saison ersetzt werden.

Zitronentorte

Vollkornteig aus 300 g Mehl	nach Grundrezept auf S. 88
oder Haferflockenteig mit feinen Haferflocken	nach Grundrezept auf S. 112 zubereiten. Eine Kuchenform belegen, den Rand hochziehen, mit einer Gabel einstechen und kühlstellen.
2 EL Tahin oder Nussmus oder ganz feingemahlene Nüsse 2–3 EL Konfitüre oder Honig	über den Kuchenboden streichen.
4 EL Zitronensaft abgeriebene Schale von ½ Zitrone 1 Ei 1 Becher Joghurt (nature) 4 EL natürliches Süssmittel 1 EL Pfeilwurzelmehl 1 Messerspitze Muskatnusspulver ¼ TL Salz 400 g weichen Tofu	im Mixer crèmig schlagen. In die Kuchenform giessen und bei mittlerer Hitze ca. 45 Minuten backen.

Brot

Amerikanisches Maisbrot

Eines von vielen Maisbrotrezepten. Es ist fast so süss wie ein Kuchen und schmeckt zu fast allem.

300 g Maismehl
50 g Vollweizenmehl
2 TL Backpulver
¼ TL Salz
2 Messerspitzen Cayennepfeffer
je 1 Messerspitze Ingwer-, Nelken- und Muskatpulver
2 EL Sojamehl
2 EL Pfeilwurzelmehl   in einer Schüssel vermischen.

3 EL Maisöl
6 EL Ahornsirup oder Melasse
150 g Tofu
½ l Wasser   im Mixer crèmig schlagen und unter die Mehlmischung heben. Sofort in eine eingefettete Cakeform geben und bei mittlerer Hitze ca. 40 Minuten backen.

Ergibt: 1 grosser Cake.
Im Kühlschrank aufbewahren.

Kuchen ohne Eier

Ein Grundrezept für viele Kuchenarten – Cake, Torte, Gugelhupf.

300 g Vollkornmehl
200 g Ruchmehl
4½ TL Backpulver
2 TL Vanillezucker
¼ TL Salz   in einer Schüssel vermischen.

0,15 l Apfelsaft
¼ l Öl
¼ l natürliches Süssmittel
150 g Tofu   im Mixer gründlich vermengen. Mit dem Mehl verrühren und sofort in eine eingefettete Kuchenform geben. Bei mittlerer Hitze 45 Minuten backen.

Ergibt: 1 Kuchen von 24 cm Durchmesser oder 2 mittelgrosse. Den Kuchen wenn möglich einen Tag ziehen lassen, er schmeckt am 2. Tag besser. Nach Wunsch mit einer Kuchenglasur (Rezepte S. 120) beschichten und füllen.

Varianten:
- Dem Mehl 80–100 g geriebene oder gehackte Nüsse beimischen.
- Schokoladekuchen: Dem Mehl 6 EL Kakao- oder Carobpulver beimischen und mit Zuckerrübensirup süssen.

Kuchen

Rosinengugelhupf ohne Eier

Eine Abwandlung des Grundrezepts.

300 g Vollkornmehl
200 g Ruchmehl
4½ TL Backpulver
1 TL Vanillezucker
abgeriebene Schale von
  ½ Zitrone
100 g Rosinen oder
  Sultaninen
¼ TL Salz in einer Schüssel vermischen.

0,15 l Apfelsaft
¼ l Öl
0,15 l Birnendicksaft
150 g Tofu im Mixer gründlich vermengen. Mit dem Mehl verrühren und sofort in eine eingefettete Gugelhupfform geben. Bei mittlerer Hitze 45 Minuten backen.

Ergibt: 1 grossen Gugelhupf.
Wenn möglich einen Tag ziehen lassen.

Leichte Kuchenglasuren

Wer die herkömmlichen Butterglasuren zu üppig findet, wird diese fettarmen, eiweissreichen Alternativen schätzen.

50 g Cashewnüsse in der Pfanne oder im Ofen rösten, bis sie duften, aber sich noch nicht verfärbt haben. Im Mixer ganz fein mahlen.

200 g Tofu
¼ l Süssmost
1 EL Butter oder Öl
1–2 EL Honig
1 Pr Salz oder ½ TL Miso
2 TL Vanillepulver
1 leicht gehäufter EL Pfeilwurzelmehl

zu den Nüssen im Mixer geben und cremig schlagen. In einen Topf giessen und unter Rühren mit dem Schneebesen zum Kochen bringen. Sobald die Creme eindickt, vom Feuer nehmen. Auskühlen lassen und über den Kuchen oder zwischen die Lagen streichen.

Beeren, Fruchtschnitze, ganze, gehackte oder gemahlene Nüsse, Zimtpulver und ähnliches verzieren die Glasur nach Belieben.

Varianten:
– Geschälte Mandeln, Hasel- oder Baumnüsse anstelle der Cashews verwenden.
– Roter Traubensaft ergibt eine hell-lila Glasur. Mit Orangensaft wird sie gelb und schmeckt sehr fruchtig.
– 2 EL Zitronensaft und etwas abgeriebene Zitronenschale, den anderen Zutaten beigefügt, ergibt eine Zitronenglasur.
– 1 EL feinen Schnaps anstelle des Vanillepulvers verwenden.
– Für einen Schokoladekuchen 2 EL Kakao- oder Carobpulver mitmixen.

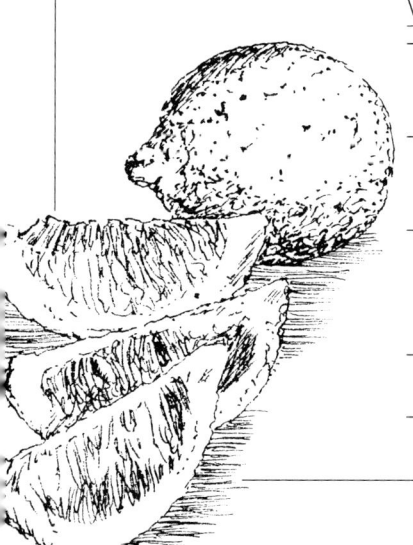

Süss-Speise

Vermicelles

500 g Dörrkastanien	über Nacht einweichen.
evtl. etwas Wasser	am nächsten Tag nachfüllen, so dass alle Kastanien bedeckt sind. Im Dampfkochtopf 30 Minuten weichkochen. Durch ein feines Sieb passieren. Das Kochwasser zurückbehalten.
Kochwasser von den Kastanien 2 TL Honig 3 EL Kirsch 1 Pr Salz oder 1 TL Miso 1 TL Vanillezucker 300 g Tofu	im Mixer crèmig schlagen. Mit den Kastanien verrühren. Nach Wunsch ein wenig Tofucrème zurückbehalten zum Garnieren. Die Masse durch eine Vermicellespritze stossen oder in Häufchen anrichten und diese mit Messer oder Gabel verzieren. Evtl. einen Tupfer zurückbehaltene Creme und ein Stäubchen Zimt draufsetzen.

Ergibt: 6–8 Portionen.

Kleingebäck, Süss-Speise

Vermicelles in Förmchen

Vollkornteig aus
300 g Mehl nach Grundrezept auf S. 88 zubereiten. 8–10 Portionenförmchen damit ausschlagen. Stupfen und kühlstellen. Bei guter Hitze 15–20 Minuten blindbacken. Aus den Backförmchen nehmen. Erkalten lassen.

Vermicelles nach dem vorstehenden Rezept zubereiten und in die Teigförmchen anrichten.

Ergibt: 8–10 Portionen.

Geschlagener Tofu

Überall wo Schlagrahm verwendet wird, kann diese Crème einen fettarmen, eiweissreichen Ersatz bilden.

0,05–0,1 l Apfelsaft oder
Fruchtsaft
1–2 EL Honig
1 EL Kirsch oder
sonstiger feiner Schnaps
1 TL Vanillezucker
200 g Tofu im Mixer crèmig schlagen. Die Mengen für die Zutaten können je nach Festigkeit des Tofus etwas variieren.

Varianten:
– Das Aroma mit Zimt, Muskat, Coriander, Getreidekaffee (Mocca), Zitronen- oder Orangensaft oder -schalen variieren.
– Mit gerösteten und gehackten Nüssen garnieren.

Süss-Speise

Apfelmus mit geschlagenem Tofu

Dies ist eine besonders leckere Kombination.

1 kg Äpfel	nach Belieben schälen, achteln, das Kernhaus entfernen. In einen Topf geben.
0,05 l Apfelsaft 1 Pr Salz	beifügen und zum Kochen bringen. Zugedeckt köcheln lassen und von Zeit zu Zeit umrühren. Wenn die Äpfel weich sind, pürieren.
1 TL Zimtpulver	dazumischen. Auf 4–6 Portionenschälchen verteilen.
«Geschlagener Tofu»	nach Rezept auf S. 123 zubereiten und über das Apfelmus anrichten.

Ergibt: 4–6 Portionen.

Aprikosen-Mousse
(Abb. S. 105)

150 g gedörrte Aprikosen 0,4 l Wasser	ein paar Stunden einweichen. Pürieren.
«Geschlagener Tofu»	nach Rezept auf S. 123 zubereiten und mit den Aprikosen lagenweise in 4–6 Gläser einfüllen, so dass ein Streifenmuster entsteht. Erste Lage Aprikosen, letzte Lage Tofu.
Zimtpulver oder Nusssplitter	zum Garnieren.

Ergibt: 4–6 Portionen.

Süss-Speise

Vanillecrème

0,3 l Wasser
3–4 EL natürliches
  Süssmittel
2 TL Vanillezucker
1 EL Pfeilwurzelmehl
200 g Tofu im Mixer crèmig schlagen. In einen Topf giessen und unter Rühren (Schneebesen) erhitzen, bis die Sauce eindickt. Wie Vanillecrème verwenden.

Varianten:
Moccacrème: anstelle des Wassers starken Kaffee oder Getreidekaffee verwenden.

Orangencrème

0,3 l Orangensaft
2–3 EL natürliches
  Süssmittel
ein wenig abgeriebene
  Orangenschale
1 EL Pfeilwurzelmehl
200 g Tofu im Mixer crèmig schlagen. In einen Topf giessen und unter Rühren (Schneebesen) erhitzen, bis die Sauce eindickt. Erkalten lassen.

1 Orange schälen und in feine Rondellen schneiden. Als Garnitur auf die Crème legen.

Süss-Speisen

Tofu-Crème

1 Becher Joghurt
1 Banane
Saft von 1 Zitrone
1–2 EL Honig
200 g Tofu im Mixer crèmig schlagen.
In 4 Portionengläser anrichten.

Tofu-Fruchtcrème

Tofu-Crème nach dem obenstehenden Rezept zubereiten.

1 Apfel auf der Bircherraffel reiben und dazumischen.

Ca. 250 g Beeren oder
Früchte der Saison mit der Crème vermischen. In 4–6 Portionenschalen anrichten.

Ergibt: 4–6 Portionen.

Smoothie

Ein erfrischender, kalorienarmer und verdauungsfördernder Dessert. Alle Beeren und Saisonfrüchte – auch 2 oder 3 verschiedene Sorten gleichzeitig – können verwendet werden.

0,3 l Fruchtsaft
(Apfel-, Orangen-,
Traubensaft usw.)
½ TL Agar-Agar-Pulver in einem Topf verrühren und zum Kochen bringen. 2–3 Minuten köcheln lassen. Vom Feuer nehmen und etwas abkühlen lassen.

200–400 g Beeren oder
kleingeschnittene Früchte   in eine Glasschüssel geben oder auf
4 Portionengläser verteilen.

Ca. ½ des Fruchtsafts
200 g Tofu
etwas Vanille   im Mixer crèmig schlagen. Zurück in den Topf giessen und mit dem Rest des Fruchtsafts verrühren. Über die Früchte verteilen und bei Zimmertemperatur oder im Kühlschrank fest werden lassen.

Variante:
Ein Teil der Früchte kann im Mixer mitpüriert werden.

Tofu-Frappé

½ l Apfelsaft   in einem offenen Gefäss im Tiefkühlfach lassen, bis er anfängt zu gefrieren und fest zu werden.

1–1½ EL Honig
1 TL Vanillezucker
200 g Tofu   in den Mixer geben. Den angefrorenen Apfelsaft beifügen und schaumig mixen. Sofort servieren.

Varianten:
– Anstelle des Vanillezuckers 1 Ta Beeren oder kleingeschnittene Früchte mitpürieren.
– 2 EL Rahm oder ½ Banane zum Verfeinern beifügen.

Frappé, Eis

Tofu-Choco-Frappé

½ l Milch in einem offenen Gefäss im Tiefkühlfach lassen, bis sie anfängt zu gefrieren und fest zu werden.

2 EL Honig
1 TL Vanillezucker
1 Pr Zimtpulver
2 EL Kakao- oder Carobpulver
200 g Tofu in den Mixer geben. Die angefrorene Milch beifügen und schaumig mixen. Sofort servieren.

Grundrezept für Tofu-Eis

0,15 l Wasser oder Süssmost
½ TL Agar-Agar-Pulver in einem kleinen Topf verrühren, aufkochen und 2–3 Minuten köcheln lassen. In den Mixer giessen.

1 EL kaltgeschlagenes Öl
3 EL Honig
1 EL Vanillezucker
¼ TL Salz
250 g Tofu beifügen und crèmig mixen. Die Masse im Tiefkühlfach fest werden lassen. Von Zeit zu Zeit herausnehmen und durchrühren. Die Gefrierdauer hängt von der Temperatur ab.

Tofu-Eis mit Aromen

Tofu-Eis nach Grundrezept herstellen. Eines der folgenden Aromen beifügen:

4 EL Kakao- oder Carobpulver oder 1 EL löslicher Getreidekaffee oder 50 g gemahlene Haselnüsse oder 2 EL Zitronensaft und ganz wenig abgeriebene Zitronenschale vor dem Mixen zu den anderen Zutaten geben, oder

50 g geröstete und gehackte Walnüsse oder 50 g feingehackte Datteln oder andere Dörrfrüchte oder 50 g Orangeat, Zitronat und Datteln nach dem Mixen in die Eis-Masse rühren.

Eis

Grundrezept für Tofu-Fruchteis

Für dieses Eis kann man fast alle Beeren-, Obst- und Früchtesorten nehmen.

1 EL Butter oder Öl	in einem kleinen Topf erwärmen.
100 g Beeren oder kleingeschnittene Früchte	kurz andünsten. 1/3 davon in eine Schüssel und 2/3 in den Mixer geben.
0,15 l Wasser oder Fruchtsaft 1/2 TL Agar-Agar-Pulver	in den Topf geben und unter Rühren aufkochen. 2–3 Minuten köcheln lassen. Zu den Früchten im Mixer giessen.
3 EL Honig 1 TL Vanillezucker 250 g Tofu	zu den anderen Zutaten im Mixer geben und cremig schlagen. Die Masse in die Schüssel mit den zurückbehaltenen Früchten geben und verrühren. Im Tiefkühlfach fest werden lassen. Von Zeit zu Zeit herausnehmen und durchrühren. Die Gefrierdauer hängt von der Temperatur des Geräts ab.

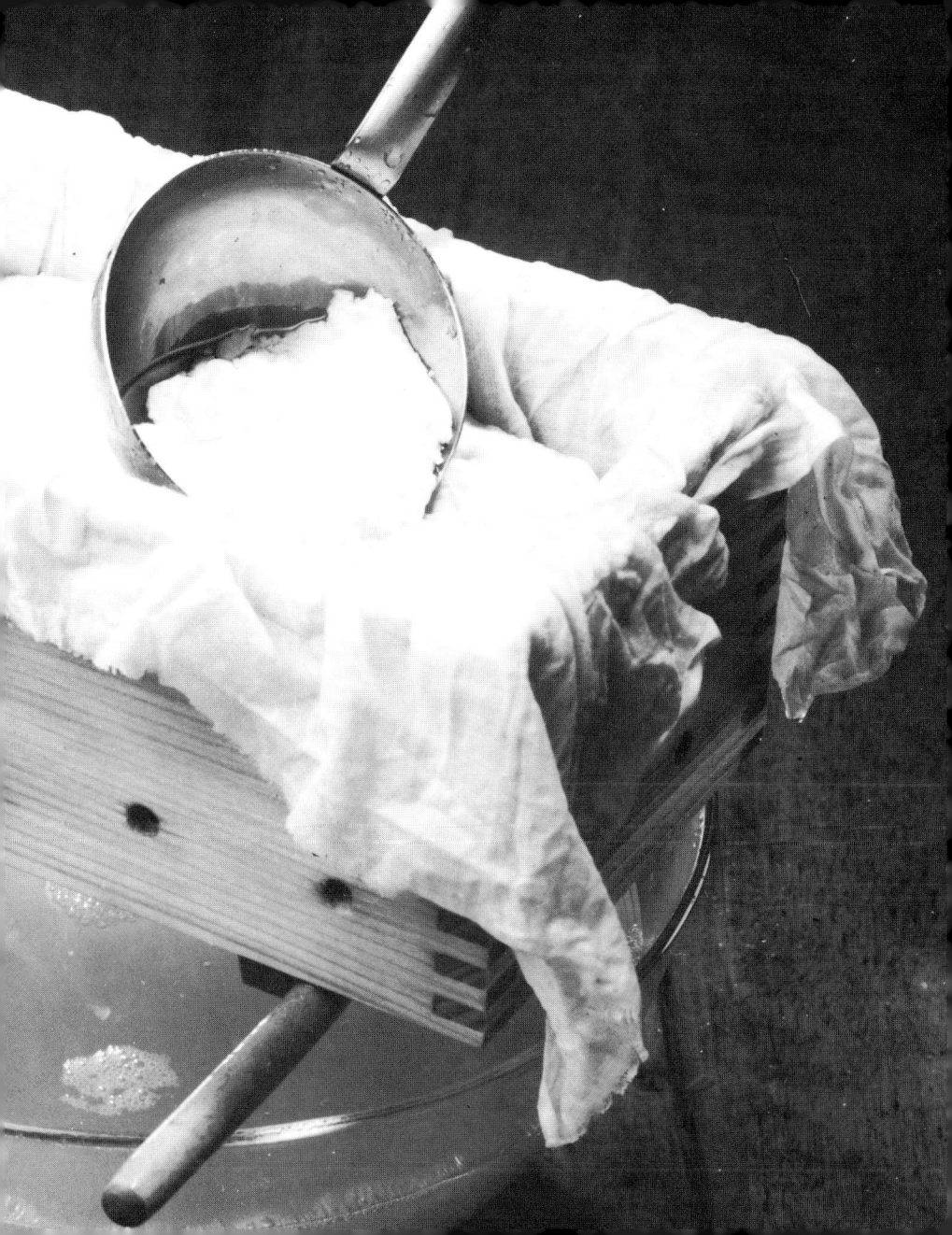

Tofu selbst gemacht

Die Japaner haben immer gestaunt, wenn ich ihnen sagte, ich wolle lernen, Tofu selber zu machen. Das ist nicht verwunderlich, denn in Japan kann man den Tofu täglich frisch an jeder Strassenecke für wenig Geld kaufen. Ausserdem war bis vor kurzem die Tofuherstellung dort ein strenggehütetes Geheimnis der Tofumeister.

In Europa ist Tofu noch nicht so verbreitet und daher relativ teuer. Deshalb lohnt sich die Herstellung in der eigenen Küche. Tofu «frisch aus dem Bade gehoben», noch warm von der Zubereitung, ist eine zarte Delikatesse mit einem rahmigen, süssen Geschmack, der schon nach ein paar Stunden Kühlung und Wässerung verlorengeht. Er ist aber auch ein hochwertiger und sehr billiger Eiweiss-Spender.

Wem die Metamorphose von den kleinen unscheinbaren Böhnchen zum weissen Tofukuchen gelungen ist – und wenn die Anleitung genau befolgt wird, gelingt sie immer –, wird mit Stolz und Befriedigung sein «Werk» geniessen.

Anfänger sollten sich ca. 2 Stunden Zeit nehmen. Nach dem 3. oder 4. Mal werden Sie den Tofu in einer guten Stunde fertighaben. Lesen Sie die Anleitung einmal ganz durch, bevor Sie ans Werk gehen, und fangen Sie in einer aufgeräumten Küche an.

Erforderliche Geräte

Presskasten (Bezugsquellen siehe S. 3). Anstelle des Presskastens kann ein gelochtes Gefäss verwendet werden, z.B. ein Salatsieb und ein in das Sieb hineinpassender Teller oder eine mit Löchern versehene Konservenbüchse.

Presssack aus nicht zu dicht gewobenem Baumwollmusselin. Grösse ca. 45 × 35 cm.

Ausschlagtuch aus feiner Baumwolle. Grösse 40 × 50 cm.

Mixer, Fleischwolf oder andere Mühle

grosser Kochtopf (mindestens 6 Liter)

zwei grosse Schüsseln

Kochlöffel und Teelöffel

Kartoffelstampfer, Schraubglas oder Flasche
Messbecher
Salatsieb (möglichst aus Metall)
feines Drahtsieb, etwa 20 cm Durchmesser
Suppenkelle

Erforderliche Zutaten
300 g gelbe, trockene Sojabohnen.
1 1/2 bis 2 1/4 TL Nigari (Magnesiumchlorid). Nigari ist das traditionelle Gerinnungsmittel. Es wird aus Meersalz gewonnen und gibt den feinsten Tofu (erhältlich in Bio-Läden oder durch die Bezugsquellen auf S. 3). Gereinigter Gips (Kalziumsulfat) eignet sich ebenfalls zum Fällen von Sojamilch. Mengen und Anwendung sind gleich wie beim Nigari, ausser dass der Gips sofort nach dem Auflösen gebraucht werden muss. Kalziumsulfat bekommt man in Drogerien.
Wasser.

Vergrösserung der Menge
Mit fast gleichem Zeitaufwand ist es möglich, die eineinhalbfache Menge Tofu herzustellen (450 g Sojabohnen, 3 TL Nigari). Man braucht dazu allerdings einen 9-Liter-Topf.

Und so wird Tofu gemacht
1. Am Vorabend die Sojabohnen gründlich waschen und in 2 Liter kaltem Wasser einweichen. Die Einweichzeit hängt von der Bohnenqualität und der Wasser- und Zimmertemperatur ab. Im Sommer sollte man 8 bis 12, im Winter 12 bis 24 Stunden rechnen. Eingeweichte Bohnen durch Halbieren prüfen: Die beiden Hälften sollten innen flach und von gleichmässiger Farbe sein; nach innen vertiefte und in der Mitte etwas dunklere Bohnen brauchen noch Zeit. Wenn sich Blasen auf dem Wasser bilden, hat man zu lange gewartet. Aber auch zu kurz oder zu lang eingeweichte Bohnen eignen sich zur Weiterverarbeitung, wenn es zeitlich nicht anders geht.

2. Presssack befeuchten, über den Rand des Salatsiebs stülpen und in eine der Schüsseln stellen.

3. Im Kochtopf 1 3/4 Liter Wasser aufsetzen.

4. Während das Wasser heiss wird, das Einweichwasser abschütten. Die Bohnen in zwei Portionen mit je 1/2 Liter Wasser im Mixer pürieren (2 bis 3 Minuten) und in das kochende Wasser auf dem Herd giessen. Zum Schluss den Mixer mit 1/8 Liter Wasser ausspülen und dieses ebenfalls in den grossen Topf geben. (Wird ein Fleischwolf verwendet, püriert man die Bohnen ohne Wasser und gibt 1 Liter Wasser separat in den Topf. Den Fleischwolf so fein wie möglich einstellen und die Bohnen zwei- bis dreimal durchdrehen.) Das Püree im Kochtopf von Zeit zu Zeit umrühren.

5. Sobald der Schaum hochkommt (Vorsicht, läuft leicht über!), den Topf vom Feuer nehmen und in das mit dem Presssack ausgelegte, in der Schüssel stehende Salatsieb giessen (Abb. S. 132 links oben). Den Kochtopf sofort mit kaltem Wasser reinigen; er wird gleich wieder gebraucht.

6. Den Presssack ausdrücken, indem man ihn mit dem Kartoffelstampfer oder dem Glas gegen das Sieb drückt und soviel Flüssigkeit wie möglich herauspresst. Bei diesem Vorgang verbrennt man sich leicht die Finger; ein Paar Gummihandschuhe können dies verhindern. Die Rückstände im Sack, das Okara, in die zweite Schüssel leeren und mit 3/4 Liter Wasser anrühren. Den Sack wieder über das Salatsieb schlagen, den Okarabrei hineingeben und noch einmal gut auspressen. Zum Schluss das Okara im Sack schütteln und von Hand auswringen. Es sollte so trokken wie möglich sein.

7. Die so gewonnene Sojamilch, die noch roh ist, in den Kochtopf schütten, zum Kochen bringen und 7 Minuten köcheln lassen. Von Zeit zu Zeit umrühren. Das Okara aus dem Presssack in ein

Aufbewahrungsgefäss schütteln (Rezepte für seine Weiterverwendung auf Seiten 140–145). Den Sack mit kaltem Wasser spülen und zum Trocknen aufhängen. Bis zum nächsten Schritt hat man jetzt etwas Zeit zum Aufräumen und Spülen (immer mit kaltem Wasser).

8. 2 Teelöffel Nigari in 1/4 Liter Wasser auflösen. Die exakte Menge des Gerinnungsmittels hängt von verschiedenen Faktoren ab: Art der Sojabohnen, Einweichzeit, Feinheit des Pürees. Durch Erfahrung lernt man bald, ob mehr oder weniger als 2 Teelöffel notwendig sind. Exaktes Abmessen ergibt eine maximale Tofuausbeute (siehe unten «Ertrag»).

9. Die Sojamilch vom Herd nehmen. Unter kräftigem Rühren ein Drittel der Nigarilösung zugiessen. Kurz weiterrühren, vor allem am Boden und an den Wänden des Topfes. (Sojamilch gerinnt von unten nach oben.) Dann mit dem Kochlöffel die Milch zum Stehen bringen. Ein weiteres Drittel des Gerinnungsmittels über die Rückseite des Löffels auf die Oberfläche der Milch «regnen» lassen. Den Topf zudecken und 3 Minuten wirken lassen.

10. Den Rest der Nigarilösung noch einmal gut umrühren und wieder mit dem Löffelrücken über die Sojamilch verteilen. Die Oberfläche der Milch 1 bis 2 Zentimeter tief langsam und vorsichtig 15 Sekunden lang rühren. Den Topf wieder 3 Minuten zudecken. Jetzt die Sojamilch noch einmal 20 bis 30 Sekunden an der Oberfläche rühren. Das Eiweiss sollte vollständig geronnen sein, das heisst, die Sojamilch hat sich in weissen Quark und blassgelbe, klare Molke geteilt (Abb. S. 132 links unten). Wenn die Gerinnung nicht vollständig ist, den Topf noch einmal 1 Minute zudecken, dann leicht an der Oberfläche rühren. Bleibt auch jetzt noch milchige Flüssigkeit zurück, ein Viertel der ursprünglichen Menge des Gerinnungsmittels in 1/8 Liter Wasser auflösen und direkt in die ungeronnene Milch geben. Vorsichtig bis zum Gerinnen rühren.

11. Den Presskasten mit dem Ausschlagtuch auskleiden. So hinstellen, dass die Molke abtropfen kann. Den Topf mit der geronnenen Milch danebenstellen.

12. Mit dem Drahtsieb den Quark hinunterdrücken, etwas Molke aus dem Sieb schöpfen und über das Ausschlagtuch giessen, bis es an den Wänden des Presskastens klebenbleibt. Soviel Molke wie möglich abschöpfen und aufbewahren (Tips für Verwendung nächste Seite). Das Drahtsieb herausnehmen und den Quark (Tofu) mit der Suppenkelle vorsichtig aus der noch verbleibenden Molke heben und in den Presskasten schichten (Abb. Seiten 132–133).

13. Das Tuch über den Tofu falten und den Holzdeckel, mit den Griffen nach oben, darauflegen. Mit einem leichten Gewicht (z.B. mit dem mit Wasser gefüllten Messbecher) 10 bis 15 Minuten beschweren. Je länger man den Tofu presst, desto fester wird er.

14. Wenn der Tofu die gewünschte Festigkeit hat, das Spülbecken oder eine grosse Schüssel mit Wasser füllen. Das Gewicht entfernen und den ganzen Presskasten ins Wasser tauchen. Deckel und Boden herausnehmen und durch leichten Druck den Inhalt hinausgleiten lassen. Das Tuch aufschlagen und den Tofu durch Anheben des Tuches vorsichtig herauslösen (Abb. S.13–14).

15. Mit einem grossen Messer den Tofu in zwei Würfel schneiden. Das Ausschlagtuch in kaltem Wasser auswaschen und aufhängen. Den Presskasten mit kaltem Wasser abspülen, eventuell Eiweissrückstände abbürsten und bei Zimmertemperatur trocknen lassen.

16. Jetzt ist der Tofu essfertig.

Ertrag

Aus 300 Gramm trockenen Sojabohnen sollten Sie 600 bis 900 Gramm Tofu erhalten. Wenn Ihre Ausbeute viel kleiner ausfällt, kann das eine oder mehrere der folgenden Ursachen haben:

Die Bohnen sind zu kurz eingeweicht worden. Das nächste Mal die Einweichzeit verlängern oder die Bohnen in leicht temperiertem Wasser einweichen.

Die Bohnen waren zu grob gemahlen. Sie sollten länger im Mixer püriert, mehrere Male durch den Fleischwolf gedreht oder die Mühle sollte feiner eingestellt werden.

Zuviel Nigari. Die Sojamilch ist zu schnell geronnen, so dass die Eiweissflocken nicht genügend Wasser aufnehmen konnten.

Zuwenig Nigari. Die Sojamilch ist nicht vollständig geronnen, so dass Eiweiss in der Molke zurückblieb.

Langes Pressen im Presskasten bringt das Gewicht des fertigen Tofu etwas herunter, da mehr Molke ausgepresst wird. Der Eiweissgehalt bleibt aber praktisch gleich.

Die Molke

Die bei der Tofu-Herstellung anfallende Molke kann wie folgt verwertet werden:

- In kleinen Mengen zum Trinken oder Kochen (wirkt bei vielen Leuten entwässernd).

- Als Waschmittel zum Abwaschen, Putzen und zur Körper- und Haarwäsche.

– Als Dünger für Hauspflanzen und Garten. Mit der gleichen Menge Wasser verdünnen.

Die Molke muss im Kühlschrank aufbewahrt werden. Sie hält sich 3 bis 4 Tage frisch.

Das Okara

Okara ist das japanische Fachwort für die Faserrückstände der Sojabohnen, welche bei der Tofuherstellung anfallen. Es enthält noch etwa 4 % Eiweiss und ist geniessbar, aber infolge seines hohen Gehalts an Ballaststoffen schwer verdaulich. Es sollte deshalb nur in kleinen Mengen und nur in gekochter oder gebackener Form gegessen werden.

Okara ist weniger lang haltbar als Tofu. Durch Trocknen lässt es sich aber leicht konservieren. Wir verteilen es auf ein grosses Backblech und lassen es bei 100–150° im Backofen trocknen. Die Ofentüre einen Spalt offenlassen, damit die Feuchtigkeit verdunsten kann. Von Zeit zu Zeit umrühren.

Die Mengenangaben in den Rezepten beziehen sich auf frisches, ungetrocknetes Okara.

Okara-Brot

Einen beliebigen Brotteig herstellen. 5–10 % des Mehls, also 50–100 g von 1 kg Mehl, durch Okara ersetzen. Etwas weniger Flüssigkeit nehmen. Dieser Zusatz steigert den biologischen Wert des Proteins im Brot.

Okara-Suppe

Viel Knoblauch und Ingwerwurzel	feinschneiden. In Öl kurz andünsten.
Gemüse, z. B. Sellerie, Karotten, Schwarzwurzeln, Blumenkohl, Broccoli, Fenchel	kurz mitdünsten.
Geviertelte Pilze	beifügen und noch einmal gut rühren.
Okara	untermischen. Die gewünschte Menge Wasser dazugiessen und kochen, bis das Gemüse gar ist.
Mit Meersalz, Sojasauce, Miso oder Gemüsebouillon	würzen. Diese Suppe schmeckt wie Hühnchensuppe.

Okaraburger

Diese Mischung aus dem «Tofu-Buch» hat sich bewährt:

1 Ta Okara
½ Ta Vollkornmehl
1 verquirltes Ei
¼ Ta feingehackte Zwiebel
¼ Ta feingeraffelte Karotte
1 ausgepresste Knoblauchzehe
1 EL Shoyu oder Tamari
1 TL Currypulver
Pfeffer Alle Zutaten gut mischen. Bratlinge formen.

Öl, Butter oder Fritieröl Die Okaraburger darin braten oder backen.

Okara-Sesam-Mais-Kräcker

Diese Kräcker haben nur einen Nachteil: Sie schmecken so gut, dass man sich leicht daran überisst.

200 g Okara
150 g Maismehl
150 g Ruchmehl
100 g Sesamsamen
1½ TL Salz vermischen.

6 EL Öl dazugeben und einen Teig bilden. Wenn das Okara sehr trocken ist, wenig kaltes Wasser beifügen. Ein paar Minuten kneten. Den Teig auf ein Backpergament ca.

3 mm dick ausrollen und mit dem Backpergament aufheben und auf ein Backblech legen. Mit einem Teigrädchen gitterartig durchschneiden und jeden Kräkker mit einem Gabelstich versehen. Bei mittlerer Hitze 15–20 Minuten backen.

Okara-Streuselkuchen

500 g Früchte oder Beeren	Grössere Früchte kleinschneiden.
2 EL natürliches Süssmittel	
1 EL feinen Schnaps	dazumischen und ein paar Stunden oder über Nacht ziehen lassen.
15 g Frischhefe oder 2 TL Trockenhefe 0,1 l warmen Süssmost	verrühren, bis die Hefe Blasen bildet.
3 EL natürliches Süssmittel 2 EL Öl ¼ TL Salz	dazurühren.
200 g Vollkornmehl	beifügen und mit einem Holzlöffel ein paar Minuten schlagen. An einen warmen Ort stellen, bis der Teig sein doppeltes Volumen erreicht hat.
50 g weiche Butter 50 g natürliches Süssmittel 150 g Okara 1 TL Vanillezucker	mit den Händen verreiben. Den Teig in die Kuchenform geben. Die Früchte darüber verteilen. Die Okaramischung

darüberstreuen. In den kalten Ofen schieben und bei mittlerer Hitze (mehr Unter- als Oberhitze) 45–60 Minuten backen.

Ergibt einen Kuchen von 24–26 cm Durchmesser.

Okaramakrönli

150 g Okara
100 g gemahlene Haselnüsse
100 g Ruchmehl
100 g natürliches Süssmittel
50 g Öl oder Butter
1 EL geriebene Zitronenschale
1 TL Zimtpulver
1 TL Vanillezucker
1 Pr Muskatnusspulver
1 Pr Salz

gut mischen und solange kneten, bis eine homogene Masse entsteht. Mit einem Teelöffel kleine Häufchen auf ein eingefettetes Backblech legen. Diese nach Belieben plattdrücken. Bei mittlerer Hitze 20–30 Minuten backen.

Variante:
Anstelle von Zitronenschale und Muskat Orangenschale und Nelkenpulver verwenden.

Süss-Speise

Okara-Krumen

Okara mit Sesam- und Sonnenblumenkernen und natürlichen Süssmitteln verreiben. Auf ein grosses Kuchenblech verteilen und bei mittlerer Hitze rösten, bis es trocken ist. Hin und wieder umrühren.
Über Müsli, Kompott oder Crèmes streuen oder zum Strecken von gemahlenen Nüssen verwenden.

Weitere Verwendungen von Okara siehe Seite 92 (Tofu-Apfelstrudel) und Seite 113 (Apfeltorte mit Tofu und Quark).

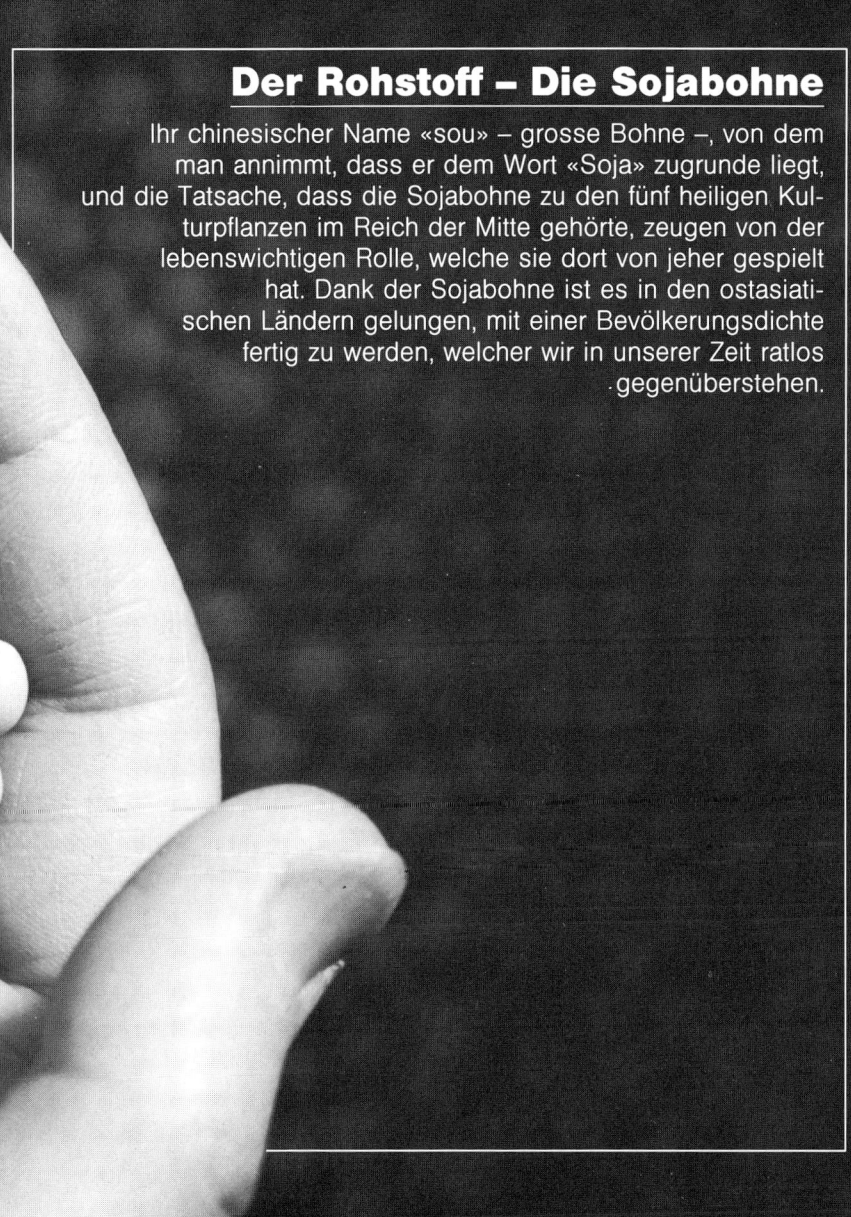

Der Rohstoff – Die Sojabohne

Ihr chinesischer Name «sou» – grosse Bohne –, von dem man annimmt, dass er dem Wort «Soja» zugrunde liegt, und die Tatsache, dass die Sojabohne zu den fünf heiligen Kulturpflanzen im Reich der Mitte gehörte, zeugen von der lebenswichtigen Rolle, welche sie dort von jeher gespielt hat. Dank der Sojabohne ist es in den ostasiatischen Ländern gelungen, mit einer Bevölkerungsdichte fertig zu werden, welcher wir in unserer Zeit ratlos gegenüberstehen.

Von der kaiserlichen Tafel in den Futtertrog

Während man den Tofu «erst» seit rund 2000 Jahren kennt, geht der Sojaanbau bis in die Vorgeschichte der Menschheit zurück. Die Sojabohne wurde 2838 v.Chr. zum ersten Mal schriftlich erwähnt, und zwar in China, wo der damalige Kaiser Sheng-Nung ihren hohen Nährwert erkannt und den Anbau in seinem Reich gefördert haben soll.

In Europa war diese Hülsenfrucht bis ins 17. Jahrhundert fast gänzlich unbekannt. Engelbert Kämpfer, der von 1690 bis 1692 in Japan gelebt hatte, beschrieb sie zum erstenmal ausführlich in seinem ‹Amoenitatus Exoticarum›, erschienen 1712. Die Erwähnung der glycine max. in diesem fünfbändigen Werk fand wenig Beachtung. Wohl stand Europa zu jener Zeit infolge der sich explosionsartig vermehrenden Bevölkerung an der Schwelle drohender Hungersnot. Die Ernährungspioniere hatten aber alle Hände voll zu tun, den Leuten die Kartoffel schmackhaft zu machen. Erst eineinhalb Jahrhunderte später begann der Wiener Botaniker Friedrich Haberlandt mit ersten Anbauversuchen. Sein 1875 veröffentlichtes Werk «Die Sojabohne» regte zu vereinzelten Versuchspflanzungen und Untersuchungen über ihren Nährwert an, doch nach Haberlandts Tod wurde es wieder still um die glycine max.

Jenseits des Atlantiks hatte die Arbeit Haberlandts Auswirkungen von unabsehbarer Tragweite. Seine Züchtungen fanden auf dem nordamerikanischen Kontinent ideale Land-, Klima- und Lichtverhältnisse vor. Allerdings wurden sie vorerst von den Farmern nur zur Anreicherung von ausgelaugter Erde mit Stickstoff angepflanzt. Die ganzen Sträucher, einschliesslich der Bohnen, wurden einfach untergepflügt. Als aber das Aufkommen synthetischer Fasern die Nachfrage nach Baumwolle zu verdrängen begann, wich vielenorts der Baumwollanbau dem Sojaanbau. Innerhalb weniger Jahrzehnte schwangen sich die USA zum wichtigsten Sojaproduzenten der Welt auf. Inzwischen hatte man nämlich gemerkt, dass der hohe Nährwert der Bohnen dem Mastvieh sehr zugute kam. So türmte sich bereits in den fünfziger Jahren in Amerika ein Fleischberg auf, und Steak- und

Hamburgeressen wurden geradezu zur patriotischen Pflicht. Mit der generellen Einführung der Masttierhaltung in den Industrieländern wurde Soja an den Getreidebörsen von Chicago und London zum Favoriten. Ihre Bedeutung wird nur noch vom Erdöl und vom Getreide übertroffen.

Zwar hat die Sojabohne auch im Westen immer wieder Menschen überzeugt, die sich in den Fussstapfen Friedrich Haberlandts für ihre Verwendung als direkte menschliche Nahrung eingesetzt haben, doch die Früchte ihrer Bemühungen sind bis jetzt bescheiden geblieben. Riesige Ernteüberschüsse in den Kornkammern Nordamerikas haben eine «Not des Überflusses» heraufbeschworen, in der nur noch die Masttierhaltung und die Fleischproduktion profitabel erschienen.

Bevor jedoch ein Grossteil der Sojabohnen im Futtertrog landet, wird er chemisch entölt. Das stark verarbeitete, relativ wertlose Sojaöl wird als billiges «Speiseöl», vegetabiles oder pflanzliches Fett (z. B. in der Margarine) von den Menschen verzehrt, die eiweissreichen Rückstände (Ölkuchen) bekommt das Vieh. Dieses liefert uns dann durchschnittlich noch einen Siebtel soviel Eiweiss, wie es gefressen hat, in Form von Fleisch. Ein nicht unerheblicher Teil dieses Fleisches ist wiederum Fett!

Die Sojabohne hat aber auch in anderen Industriezweigen eine grosse Bedeutung erlangt. Man schaue sich nur die Lebensmitteldeklarationen (Zutaten) auf den Verpackungen im Supermarkt an: «Vegetabiles oder pflanzliches Eiweiss», «Emulgator» oder «Lezithin» bezieht sich meist auf einen Teil aus der Sojabohne. Mit einem Nussgipfel oder einer Linzerschnitte isst man meist mehr Soja als Nüsse oder Mandeln. Die Liste liesse sich beliebig verlängern, vom gestreckten Fleisch bis hin zum Bier.

Am unwahrscheinlichsten mutet die Verwendung der Sojabohne in der Chemie und Technik an: Isolationen, Leim, Pestizide – niemand weiss genau, worin Soja überall steckt.

Man kann diesen westlichen Erfindergeist bewundern. In einer Zeit, in welcher Hunger und Unterernährung von Millionen eines der brennendsten globalen Probleme ist, sollten wir uns doch überlegen, ob die Verwendung der Sojabohne im Westen nicht überprüft werden sollte. Dieses grosse Geschenk der Natur, welches mit seinem hohen Nährwert für die menschliche Ernährung einen bedeutenden Beitrag zur Lösung dieses Problems leisten könnte, wird heute verschwendet, «versteckt» und manipuliert, d.h. mit Verarbeitungsmethoden und Zusätzen behandelt, die für die menschliche Gesundheit, wenn nicht schädlich, zumindest fragwürdig sind.

Die Schätze ostasiatischer Überlebenskunst...

Die rohe Sojabohne enthält rund 40 Prozent Eiweiss, 18 Prozent Fett mit einem hohen Gehalt an ungesättigten Fettsäuren, Mineralstoffe und Vitamine, vor allem der B-Gruppe. Daneben sind Stoffe vorhanden, die sich auf den menschlichen Organismus negativ auswirken können. So besteht zum Beispiel ein Teil des Proteins aus einem Hemmstoff (Trypsin-Inhibitor), der die Verdauung und die Resorption (Aufnahme durch den Körper) des Proteins beeinträchtigt. Die Oligosaccharide (Zuckerstoffe) bewirken, dass Soja noch mehr als andere Hülsenfrüchte unangenehme Blähungen hervorruft. Beim heutigen Stand der Analyse hat man noch fünf weitere, zumindest potentiell schädliche Substanzen isolieren können. Eine sachgemässe Verarbeitung (Veredelung), die den hohen Nährwert ohne nachteilige Nebenwirkungen verfügbar macht, ist also von wesentlicher Bedeutung. In Ostasien geschieht dies:

1. durch Entzug des Eiweisses (Verarbeitung zu Sojamilch, Tofu, Yuba) oder

2. durch Impfung mit Bakterien, Hefen oder Schimmelpilzen und Fermentation (Verarbeitung zu Miso, Shoyu und Tamari, Tempeh, Natto) oder

3. durch Keimen.

Die Endprodukte sind Nahrungsmitteln aus tierischem Eiweiss in ihrem Nährwert ebenbürtig oder zum Teil sogar überlegen.

...eine Hoffnung für unsere Zeit

Es war die in ihrer Einfachheit geniale Idee des jungen Amerikaners William Shurtleff, diese traditionellen Verarbeitungsmethoden zu studieren und zusammen mit seiner japanischen Frau, Akiko Aoyagi, der westlichen Welt in Buchform* zugänglich zu machen. Diese Sojaspeisen bieten einen gesunden und schmackhaften Ausweg aus unserer tierabhängigen Ernährungssackgasse.

In der dritten Welt können sie sogar eine lebenswichtige Rolle spielen. Der Sojaanbau sichert Höchsterträge an Eiweiss pro Hektar Akkerland, bei einer Fettproduktion, die derjenigen von Milch gleichkommt. Die klimatischen Voraussetzungen sind in diesen meist tropischen oder subtropischen Gegenden äusserst günstig. Die lokale Verarbeitung zu Sojamilch, Tofu, Tempeh oder Sojakeimen würde eine optimale Verwertung gewährleisten. Sie ist so einfach, dass sie, im Gegensatz zu anderen, im Westen beheimateten Nahrungsmitteln, ohne Auslandinvestitionen von kleinen Gemeinschaften, Bauernkooperativen und ähnlichen Unternehmungen besorgt werden könnte, also von Menschen, nicht von Maschinen.

Für die Sojaspeisen spricht auch die bei uns wenig bekannte Tatsache, dass bis zu 90 Prozent der Bevölkerung aus Regionen, die keine traditionelle Milchwirtschaft haben, die Milch nicht vertragen. Nahrung aus der Sojabohne ist sehr umweltfreundlich: Um 1 Gramm verwertbares Protein zu gewinnen, braucht die Masttierhaltung 92mal mehr Energiekalorien und 36mal mehr Erdöl als der Sojaanbau.

---

* William Shurtleff und Akiko Aoyagi. Das Tofu-Buch, Ahorn-Verlag, Soyen, 1981.
William Shurtleff und Akiko Aoyagi. Das Miso-Buch, Ahorn-Verlag, Soyen, 1980.
William Shurtleff und Akiko Aoyagi. The Book of Tempeh, Harper & Row, New York, 1979.

Der Sojaanbau in Europa

Heute werden Sojabohnen zu Schleuderpreisen aus Nordamerika, Mexiko und Brasilien nach Europa importiert und als billige Futtermittelzusätze verwendet. Trotzdem besteht seit einiger Zeit in vielen europäischen Ländern ein Interesse an einer landeseigenen Sojaproduktion, da diese bei einer Angebotsverknappung auf dem Weltmarkt die Inlanderzeugung von Eiweiss und Fett sichern könnte. Zudem ist man auf der Suche nach neuen Kulturpflanzen, um die Fruchtfolge im Ackerbau zu entlasten. Als Leguminose (Hülsenfrucht) kann die Sojapflanze mittels Knöllchenbakterien, die an ihren Wurzeln wachsen, Stickstoff binden. Dadurch liefert sie nicht nur ihren eigenen Stickstoffdünger, sondern lässt auch noch solchen für die nächste Frucht im Boden zurück. Für Aussaat und Ernte können die gleichen Maschinen wie für den Getreideanbau eingesetzt werden. Entgegen einer verbreiteten Meinung gedeiht die Sojabohne auch nördlich der Alpen, ja sogar bis hinauf nach Schweden. Bevor aber der Sojaanbau auf breiter Basis stattfinden kann, müssen Sorten gezüchtet werden, die auch in kälteren Zonen gute und sichere Erträge bringen, damit er für die Landwirte rentabel und risikoarm wird.
Im Rahmen eines FAO-Programms (Ernährungs- und Landwirtschaftsabteilung der UNO) haben sich die Länder nördlich der Alpen und Kanada zusammengetan, um einen systematischen Informationsaustausch über Züchtungsfortschritte zu gewährleisten. Ferner gibt es in den meisten dieser Länder Fördervereine, Bauern und Privatleute, die den Sojaanbau zu aktivieren suchen. Dank ihrer Fähigkeit, auf natürliche Weise Stickstoffdünger zu «produzieren», ist die Sojapflanze für den biologischen Anbau von grosser Bedeutung.

Sojabohnen aus dem eigenen Garten

Während Bauern, die es auf grösseren Parzellen mit Soja versuchen wollen, noch vor allzugrossem Optimismus gewarnt werden müssen, kann die Bepflanzung kleiner Flächen in Haus- und Gemüsegärten durchaus empfohlen werden. Die Sojabohne erfordert ähnliche Wachstumsbedingungen wie die Buschbohne.

Klima:

Überall dort, wo Mais wächst.

Boden:

Tiefgründig, locker, durchlässig, humoser lehmiger Sand, pH-Wert 5-7.
Staunasse und schwer erwärmbare Böden fallen ausser Betracht.
Während des Wachstums den Boden von Unkraut sauberhalten.

Saat:

Zurzeit im Handel erhältliche Saatbohnen sind: Fiskeby, Maple Arrow, Giesso. Wenn möglich das erste Jahr die Samen mit stickstoffbindenden Bakterien impfen. Aussaat erste Hälfte Mai oder wenn die Apfelbäume in voller Blüte stehen, in warmen Boden, in Reihen oder Beete. Saattiefe max. 3 cm. Auf 10-15 cm erdünnern.

Wasserbedarf:

Den Boden regelmässig feuchthalten.

Ernte:

Sojabohnen können im August grün geerntet und wie Frischerbsen (aber in der Schote gekocht) zubereitet werden. Zum Trocknen vorgesehene Bohnen (für die Tofuherstellung) sind je nach Sorte und Standort ab 2. Hälfte September ernterif. Zur sicheren Lagerung muss der Wassergehalt unter 15% liegen. Die Stauden und Schoten können als wertvolle Gründüngung am Pflanzort eingegraben oder kompostiert werden.

Tofu als Baustein einer umweltgerechten und gesunden Ernährung

Am besten schmeckt Tofu, wenn er in eine ganzheitliche, vollwertige, natürliche Kost eingefügt wird. Für alle, die mit dieser Küche noch nicht vertraut sind, möchte ich die wichtigsten Zutaten, die auch in den Rezepten immer wieder vorkommen, näher beschreiben.

Natürliche Zutaten von A–Z

Agar-Agar

Agar-Agar enthält 0 Kalorien, dafür viel Mineralstoffe und Spurenelemente, besonders Jod. Es regt die Darmtätigkeit an und wirkt entgiftend. Es wird aus Meeralgen gewonnen und ist meist als Pulver oder als Flocken im Handel. Es kann bis zur 50fachen Menge seines eigenen Gewichts Wasser aufnehmen und binden und eignet sich für Puddings, Gelees, Konfitüren und Sülze. Da nicht alles Agar gleich stark konzentriert ist, immer die Gebrauchsanweisung auf dem Beutel befolgen!

Ahornsirup siehe Süssmittel S. 168

Birnendicksaft siehe Süssmittel S. 168

Brühe

In vielen Rezepten dieses Buches wird «Brühe» benötigt. Sie können diese selber machen, indem Sie Gemüseabfälle, wie Zwiebelschalen, Karottenenden, Petersilienstiele, Kohlstrünke usw., in viel Wasser sieden. Kochen Sie ein «bouquet garni» mit, ein Sträusschen aus Petersilie, Thymian und Lorbeer. Andere Kräuter und Gewürze können je nach Verwendung beigefügt werden. Vor Gebrauch die Gemüsereste absieben und mit Salz oder Sojasauce salzen.
Eine Brühe auf japanische Art erhalten wir, indem wir ein Stück Kombu Alge (S. 160) für ein paar Stunden in kaltes Wasser einlegen, dann das Wasser aufkochen und den Kombu herausnehmen. Gewürzt wird mit Sojasauce und nach Belieben mit Ingwersaft (S. 160).
Das Kochwasser von Gemüse oder Vollkornteigwaren nicht wegwerfen. Es kann ebenfalls als feine Brühe dienen.
Wenn keine Zeit zum Selbermachen da ist, kann man mit einer der vielen löslichen Suppenkonzentrate oder Würzextrakte aus dem Reformhaus im Nu eine schmackhafte Brühe herstellen.

Buchweizen siehe Getreide S. 158

Carob (Johannisbrot)
Diese Frucht des Johannisbaums, eine harte braune Schote, ist manchmal als gesunde Knabberei in Spezialitätengeschäften zu finden. Sie stammt aus dem Mittelmeerraum. Bei uns wird sie in grossen Mengen als Futtermittel eingeführt. Dabei wäre das Johannisbrot mit seinem hohen Eiweissanteil und vielen wertvollen Vitaminen und Mineralstoffen eine natürlich süsse, fett- und kalorienarme Alternative zur Schokolade. Feingemahlenes, geröstetes Carobpulver ist äusserlich von Kakaopulver fast nicht unterscheidbar. Es ist aber süsser und weniger bitter als Kakao. Wenn Sie kein geröstetes Johannispulver finden, rösten Sie es selber, indem sie es auf ein kleines Backblech verteilen und während 15 Minuten unter 2maligem Umrühren im mittelheissen Ofen backen.

Cashews siehe Nüsse S. 163

Datteln siehe Süssmittel S. 168

Dörrobst siehe Süssmittel S. 168

Eier
Ich brauche relativ wenig Eier in der Küche. Dafür kann ich es mir leisten, solche von freilebenden Hühnern zu kaufen. Eier kommen in der Naturkostküche vor allem als Bindemittel gelegen. Wer aber lieber auf Eier verzichtet, oder verzichten muss, kann sie weitgehend durch Marantamehl oder noch besser durch Kuzu (S. 168) ersetzen. Allerdings spricht die fernöstliche Tradition dem Tofu, besonders in Süssspeisen, eine kühlende, expandierende Wirkung zu, die durch Eier ausgeglichen werden kann.

Gemüse, Früchte, Obst
Natürlich bevorzuge ich Gemüse und Früchte aus biologischem Anbau und verwende das, was die Jahreszeit bietet. Da Saisonprodukte meist billiger sind als Treibhaus- oder Importware, kann ich mir biologisch Angebautes leisten, ohne tiefer in die Tasche zu greifen. Viele der Tofurezepte in diesem Buch können durch Auswechseln der Gemüse- und Früchtezutaten auf die Jahreszeit abgestimmt werden.

Getreide
Weizen, Roggen, Gerste, Hirse, Grünkern, Dinkel, Reis, Hafer, Mais, Buchweizen.

Das Tofueiweiss findet seine ideale Ergänzung im Eiweiss des vollen Getreidekorns. Wenn Tofu und Getreide zusammen gegessen werden, steigert sich die Eiweissverwertbarkeit beider Speisen. Infolge seiner relativ langen Kochzeit bereite ich immer genug Getreide für mehrere Mahlzeiten vor und verwende es, wie gekochte Kartoffeln, als Ausgangsprodukt für unzählige neue Gerichte. Gekochtes Getreide hält sich im Kühlschrank bis zu einer Woche.
Vollgetreide und Vollkornmehle sollten wenn immer möglich aus biologischem Anbau kommen, da giftige Pflanzenschutzmittel sich vor allem auf der äusseren Schale der Körner ablagern. Diese Schicht, welche auch wertvolle Nährstoffe enthält, wird bei polierten oder geschälten Getreideprodukten entfernt.

Grundrezept für das Kochen von Vollgetreide

1. Das Getreide in kaltem Wasser 2–3mal spülen.

2. Mit der doppelten bis dreifachen Menge Wasser in einen Topf geben. Je weniger Getreide aufs Mal gekocht wird, um so mehr Wasser pro Tasse Getreide ist erforderlich:
1 Tasse Getreide auf 3 Tassen Wasser, 2 Tassen Getreide auf 5

Tassen Wasser, 3 Tassen Getreide auf 6 Tassen Wasser usw. Im Dampfkochtopf ca. ein Viertel weniger Wasser nehmen.

3. Weizen, Dinkel, Roggen, Gerste und Hafer in der zum Kochen bestimmten Wassermenge mehrere Stunden einweichen.
4. Getreide und Wasser oder Einweichwasser mit einer Prise Salz oder zur Abwechslung etwas Gemüsebouillon zum Kochen resp. im Dampfkocher auf Druck bringen.
5. Die Hitze so klein wie möglich einstellen, bei Gas evtl. einen Hitzeverteiler auf die Flamme legen.
6. Das Getreide nie umrühren und den Deckel so selten wie möglich hochheben.
7. Kochdauer:

	im Kochtopf:	im Dampfkocher:
Weizen, Dinkel, Roggen, Gerste, Hafer	60–90 Min	45–60 Min.
Reis, Grünkern	45–60 Min	25–45 Min.
Buchweizen, Hirse	20–30 Min.	–
Mais, grob	20–30 Min.	–
Mais, fein	5–10 Min.	–

8. Nach Ablauf der Kochzeit Hitze ausschalten und das Getreide noch kurz stehen lassen resp. im Dampfkocher den Druck herunterkommen lassen.
9. Ausser beim Mais, welcher als ganzes Korn kaum weichzukriegen ist, beziehen sich die Angaben auf ganze Getreidekörner. Bei geschrotetem Getreide ist die Kochzeit etwa halb so lang. Die Wassermenge bleibt gleich.
10. Die verschiedenen Getreidesorten können beliebig kombiniert und zusammen gekocht werden.

Honig siehe Süssmittel S. 168

Ingwer

Ob in süssen oder würzigen Gerichten, Ingwer gilt bei uns als das exotische Gewürz. Im Gegensatz zu vielen anderen scharfen Gewürzen ist er sehr bekömmlich und hat eine belebende, oft sogar heilende Wirkung. Er kann dem Tofu Rasse verleihen. Ingwer ist als Gewürzpulver fast überall erhältlich. Etwas ganz Feines aber ist der Ingwersaft, den man leicht selbst frisch gewinnen kann: Ein Stück Ingwerwurzel mit einer feinen Raffel zu einem Mus raspeln. Dieses in der Faust ausdrücken und den zwischen den Fingern austretenden Saft in einer Tasse oder einem Schüsselchen auffangen. Die Ingwerwurzel bewahrt man wie Knoblauch oder Zwiebeln auf; so hält sie sich mehrere Wochen.

Johannisbrot siehe Carob S. 157

Kombu oder Kelp

Diese Meeralge ist das ursprüngliche, natürliche Glutamat. Ein kleines Stück Kombu oder eine Prise Kelppulver steigert nicht nur den Geschmack einer Speise, sondern auch deren Gehalt an Mineralien und Spurenelementen (siehe auch unter «Brühe», S. 156).
Vom Gebrauch des künstlichen Glutamats ist abzuraten. Leider enthalten heute die meisten Würzbrühen (auch die aus dem Reformhaus) und Fertigprodukte Glutamat. Es führt bei empfindlichen Menschen zu Migräne und Spannen im Nacken. Zudem nehmen wir mit diesem Geschmacksverstärker unbemerkt zusätzliches Natrium auf, von dem die meisten von uns mit dem Kochsalz sowieso schon zuviel essen.

Kürbiskerne siehe Samen S. 166

Kuzu siehe Stärkemehl S. 168

Leinsamen siehe Samen S. 166

Mais siehe Getreide S. 158

Malz siehe Süssmittel S. 168

Mandeln siehe Nüsse S. 163

Marantamehl siehe Stärkemehl S. 168

Mehl
Vollkornmehl Typ 1700, Ruchmehl Typ 1050
Ganze Getreidekörner können ohne wesentliche Qualitäts- und Nährstoffeinbussen über Jahre gelagert werden. Sobald sie gemahlen werden, setzt eine rasche Zersetzung ein, und Mehl, welches nur einige Stunden alt ist, hat schon viel von seiner ursprünglichen Lebenskraft verloren. Das wertvollste Mehl ist daher das im eigenen Haushalt frischgemahlene. Wer über keine Getreidemühle verfügt, kann Getreide in Bio-Läden oder vielen Reformhäusern mahlen lassen. Eventuelle Reste sollten im Kühlschrank aufbewahrt werden. Weizenmehl bildet die Grundlage für die meisten Backwaren. Ich ergänze es jeweils mit etwa einem Drittel Roggen- oder Gersten- und manchmal etwas Hafermehl. Mit einem Zusatz von Hirse- oder Reismehl gewinnen Guetsli (Plätzchen) und Kuchenböden an Knusprigkeit.
Ruchmehl enthält noch etwa 85 % des vollen Korns. Ich verwende es in kleinen Mengen zum Bestäuben, in Saucen oder als Ergänzung zum Vollkornmehl.
Im allgemeinen ist Vollkorngebäck leichter verdaulich, wenn es 1–2 Tage alt ist, aber auch dann kommt man ums gründliche Kauen nicht herum.

Miso
Hatcho-, Gersten-, Reis-, Buchweizen- und Nattomiso
Miso verdient es, in einem umfassenden Buch vorgestellt zu werden,

was glücklicherweise mit dem «Miso-Buch» (siehe S. 151) geschehen ist.
Der Vorläufer von Miso entstand vor etwa 2500 Jahren in China, wurde im 7.Jahrhundert von buddhistischen Priestern nach Japan gebracht und dort über die Jahrhunderte verbessert und weiterentwickelt. Diese braune Paste, oft auch «die braune Butter Japans» genannt, ist Nahrungs- und Würzmittel zugleich. Die meisten Misosorten bestehen aus Sojabohnen, Getreide und Salz. Diese Zutaten werden in einem zweistufigen Fermentationsverfahren, das bis zu drei Jahren dauern kann, gereift. Dadurch enthält Miso neben hochwertigem Eiweiss viele Mikroorganismen – Hefen, Schimmelpilze, Enzyme und Bakterien –, die es zu einem bewährten Verdauungs- und Stoffwechselförderer machen. Die traditionelle Volksmedizin Japans kennt Miso als Mittel gegen alle möglichen Beschwerden: Erkältungen, Parasiten, unreine Haut, Verbrennungen. Miso ist einer der seltenen pflanzlichen Lieferanten des lebenswichtigen Vitamins B_{12}. In unserer Zeit dürfte es zudem neue Bedeutung gewinnen, weil es erwiesenermassen die Folgen des Rauchens und der Luftverschmutzung mildert. Ferner hat eine grossangelegte japanische Langzeitstudie gezeigt, dass der tägliche Genuss von Miso vorbeugend gegen Magenkrebs, Magengeschwür, Herz- und Leberkrankheiten wirken kann. Es wird zurzeit auch auf seine schützende Eigenschaft gegenüber Radioaktivität hin geprüft. Wie das Joghurt der Balkanvölker trägt auch das Miso zur Langlebigkeit bei.
Trotz dieser bestechenden gesundheitlichen Vorzüge haben viele von uns Mühe mit Miso, da sein Geschmack doch nicht ganz dem entspricht, was man hierzulande unter «würzig oder herzhaft» versteht. Deshalb führe ich hier ein paar Tricks an, mit denen Miso unsere Küche auch geschmacklich bereichern kann:

1. Öl- und fetthaltige Zutaten ergänzen sich gut mit Miso.
   – geröstete Nüsse und Nussmus
   – Sesamsamen, ganz, gemahlen, als Sesambutter oder Sesammus (Tahin)

- Erdnussbutter
- Sonnenblumenkerne
- Rahm, Butter, Sauerrahm, Rahmquark

2. Miso zusammen mit anderen Salzspendern verwenden. (Natürlich müssen die Mengen entsprechend verkleinert werden.)
   - Miso + Shoyu oder Tamari
   - Miso + Gomashio (Sesamsalz)
   - Miso + Würzbrühen

3. Die Süsse des Misos betonen durch Beigabe von wenig Honig, Malz oder anderen natürlichen Süssmitteln. Eine ähnliche Wirkung haben Wein und andere alkoholische Getränke.
   - Miso in Currygerichten (pikant-süss)
   - süss-saure chinesische Küche durch Beifügen von Zitronensaft oder Essig
   - Weinsauce

4. Miso kann die «Prise Salz» in Süss-Speisen ausmachen. Dies gilt vor allem für süsse Tofugerichte. Ferner passt es überall dort, wo auch andere Kuchengewürze wie Zimt, Muskat, Nelken, Anis usw. verwendet werden.

Nüsse
Mandeln, Haselnüsse, Walnüsse, Cashews, Pinienkerne

Ähnlich wie Öl müssen auch Nüsse als verderbliche Nahrungsmittel angesehen und ganz, wenn möglich sogar in der Schale, gekauft werden. Ich mahle jeweils eine grössere Menge aufs Mal und bewahre das, was ich nicht gleich brauche, in einem Schraubglas im Tiefkühlfach auf.
Ein unübertrefflicher Genuss sind frischgeröstete, ganze Nüsse, die mit dem Messer grob gehackt werden. Dazu werden die Nüsse ohne Zugabe von Fett oder Öl in einer mässig warmen Bratpfanne unter mehrmaligem Schütteln oder im vorgewärmten Ofen auf ein Blech verteilt und 5–10 Minuten erhitzt, bis sie ein angenehmes Nussaroma

verbreiten. Dann legen wir sie in einem Häufchen auf ein Hackbrett und hacken mit einem langen Messer kräftig durch das ganze Häufchen, indem wir die Messerspitze mit der linken Hand aufs Brett gedrückt halten und das Messer mit der rechten Hand auf- und ab- und hin- und herbewegen. Für Desserts, Müesli usw. verwenden.

Öl

Sonnenblumen-, Mais-, Oliven-, Sesam-, Raps-, Saflor- und Leinsamenöl

Der Bedarf an Fett in der Nahrung ist vor allem ein Bedarf an lebenswichtigen (essentiellen) Fettsäuren. Diese sind im Gegensatz zu den handelsüblichen raffinierten Ölen in den kaltgeschlagenen oder mechanisch gepressten Ölen reichlich enthalten. Letztere sind auch ein guter Vitamin-E-Spender. Es lohnt sich deshalb, den doppelten oder dreifachen Preis für ein gutes Öl auszugeben und dafür die Menge einzuschränken. Dies gilt vor allem für Öle, welche nicht mehr erhitzt werden, z.B. im Salat. Koch- und Backöl hingegen darf etwas billiger sein.
Je mehr ein Öl nach seinem Rohstoff riecht, schmeckt und dessen Farbe beibehalten hat, desto besser ist seine Qualität. Ich habe immer zwei oder drei Ölsorten zur Hand und versuche, ihre charakteristischen Aromen mit den Gerichten in Einklang zu bringen. Oliven- und Sesamöl sind ausgesprochene Salat- und Gemüseöle, Mais-, Saflor- und Rapsöl eignen sich eher für Getreidegerichte und Maisöl besonders zum Backen, während das Sonnenblumenöl ein gutes Allroundöl ist. Kaltgeschlagene Öle sind weniger lang haltbar als raffinierte Öle. Ausser Olivenöl, welches bei niedrigen Temperaturen fest wird, sollten sie deshalb im Kühlschrank aufbewahrt werden. Öl kann übrigens wie Butter am Ende der Kochzeit einem fertigen Gericht beigegeben werden. Auf diese Weise werden keine wertvollen Nährstoffe des teuren Öls durch hohe Temperaturen zerstört.

Pfeilwurzelmehl = Marantamehl siehe Stärkemehl S. 168

Reis siehe Getreide S.158

Roggen siehe Getreide S.158

Ruchmehl siehe Mehl S.161

Salz

Wenn in einem Gericht der Salzgeschmack hervorsticht oder gar dominiert, ist es versalzen und unserer Gesundheit abträglich. Leider haben wir uns aus lauter Gedankenlosigkeit angewöhnt, alles zu versalzen, so dass unser Appetit nach Salz um vieles grösser geworden ist als unser tatsächlicher Bedarf. Am schmerzlosesten können wir uns versalzenes Essen abgewöhnen, indem wir jeden Tag ein ganz klein bisschen weniger Salz nehmen.
Ich salze fast nur noch mit Miso, Tamari oder Shoyu. Diese Produkte enthalten zwar auch 15–20% Salz, schmecken aber stärker, so dass man mit weniger Salz auf den gleichen Geschmack kommt. Zur Abwechslung verwende ich Gemüseextrakte, welche je nach Fabrikat bis zu 35% Salz enthalten. Wer sich bereits an eine bestimmte Salzart (z.B. Kräutersalz) oder Würzbrühe gewöhnt hat, kann in den Tofurezepten natürlich auch diese verwenden.
Unraffiniertes Meersalz ist aus über 40 Mineralstoffen und Spurenelementen zusammengesetzt, während das handelsübliche Kochsalz nur noch deren zwei enthält: Natrium und Chlor. Leider sind aber auch die Schmutzteile, mit denen Meerwasser heute verseucht ist, im unraffinierten Meersalz zu finden, so dass es nicht mehr ohne diese Einschränkung empfohlen werden kann. Also auch aus dieser Sicht gilt: vorsichtig salzen! Beifügen kann man immer noch, schlimmstenfalls bei Tisch, aber herausnehmen geht nicht mehr.
Übrigens ist das «Nigari», das wir bei der Tofuherstellung verwenden, nichts anderes als Meersalz minus Natriumchlorid, also ein Nebenprodukt der Salzraffinierung. Auch Nigari kommt wegen der Meerwasserverschmutzung mehr und mehr als gereinigtes Magnesiumchlorid auf den Markt.

Samen
Sesamsamen, Sonnenblumenkerne, Leinsamen, Kürbiskerne

Sie werden ähnlich wie Nüsse verwendet. Sie schmecken ganz, aber auch im Mörser oder in der Ölsaatmühle leicht zermalmt, sollten aber wie Nüsse vorher immer leicht geröstet werden.

Sesambutter siehe Tahin S. 169

Sojafleisch (TVP)

Nicht alle «Ölkuchen» aus der Sojaölgewinnung (S. 149) gehen in die Tiermast. Ein kleiner Teil davon wird industriell zu Proteinfasern verarbeitet und mit verschiedenen Zusätzen in Fleischimitationen umgewandelt. Infolge der zahlreichen, hochtechnologischen Schritte, die für die Gewinnung von Sojafleisch nötig sind, ist es für eine natürliche Ernährung nicht empfehlenswert.

Sojamilch und Sojajoghurt
Überall, wo in den Rezepten Milch benötigt wird, kann Sojamilch verwendet werden. Sie ist in Aussehen und Gehalt der Kuhmilch sehr ähnlich.

Sojamilch aus ganzen Sojabohnen

Tofu wird aus Sojamilch hergestellt. Wer also Sojamilch selber machen möchte, befolge die Anleitung auf Seite 135, Schritte 1 bis 7. Dann wird die Sojamilch in kaltem Wasser so rasch wie möglich abgekühlt, was ihr etwas von ihrem Bohnengeschmack nimmt.
Diese Sojamilch kann auch zu Joghurt verarbeitet werden. Wir nehmen eine beliebige Joghurtkultur und verfahren genau wie bei der Herstellung von Joghurt aus Kuhmilch.

Sojamilch aus Sojamehl

8 EL Sojamehl
4 EL Tahin oder Sesambutter
1 Pr Salz   in einen Kochtopf geben.
1½ l Wasser   unter Rühren mit dem Schneebesen nach und nach in den Topf geben. Während 40 Minuten erhitzen. Die Milch sollte nie ganz zum Sieden kommen.

Diese Sojamilch eignet sich besonders gut zum Kochen, Backen und für Müesli, nicht aber für die Joghurtherstellung.

Sojasauce (Tamari und Shoyu)
Tamari ist eine Flüssigkeit, die sich während der Gärung des Misos bildet. Sie wurde früher abgezapft und galt als besondere Delikatesse. Im 16.Jahrhundert gelang es einem japanischen Misomeister, Tamari direkt, ohne Umweg über die Misoherstellung, in grösseren Mengen zu gewinnen. 1643 entdeckte man, dass gerösteter Weizen dem Tamari ein vorzügliches Aroma verleiht. So entstand Shoyu, eine aus Soja und Weizen bestehende Allzwecksauce, wie sie heute noch verkauft wird. Der Prozess des Reifens beträgt 18 Monate. Nach dem Zweiten Weltkrieg, unter dem Einfluss der amerikanischen Besatzungsmacht, wurden in Japan moderne Methoden entwickelt, die vor allem den 18monatigen Reifungsprozess verkürzten. Als Folge davon ist vielen der heute angebotenen Shoyumarken wenig von dem hohen gesundheitlichen Wert des ursprünglichen Tamari übriggeblieben. Es ist daher wichtig, beim Einkauf von Sojasauce auf die Zutaten zu achten. Echtes Shoyu enthält nur Soja, Weizen und Salz, echtes Tamari nur Soja und Salz. Manchmal ist noch das Ferment Koji deklariert. Wenn aber noch Zucker, Karamelfarbstoff, Glutamat usw. aufgeführt sind, handelt es sich um billige Nachahmungen.

Stärkemehl

Kuzu, Maranta- oder Pfeilwurzelmehl, Kartoffel- oder Maisstärke

Ich verwende diese Mehle hauptsächlich zum Binden von Saucen und Puddings. Beim Backen von Kuchen, Aufläufen und Füllungen können sie manchmal die Eier ersetzen. Die Zugabe von etwas Stärkemehl macht Panaden, Kuchenböden und Backteige knuspriger. Der japanische Kuzu ist sowohl ein Nahrungs- als auch ein Heilmittel. Er ist als einziges Stärkemehl basisch. Da er oft Klumpen enthält, sollte er vor dem Auflösen durch ein Sieb gedrückt oder zwischen Folien pulverisiert werden. Ein Esslöffel Kuzu auf einen halben Liter Flüssigkeit ergibt eine leicht eingedickte Sauce.

Maranta- oder Pfeilwurzelmehl hat keine bekannten medizinischen Eigenschaften, ist aber als relativ naturbelassene Stärke von verschiedenen Tropenwurzeln in der Naturkostküche eine beliebte Zutat. Es ist sehr verträglich und leicht verdaulich. Für die gleiche Menge Flüssigkeit ist etwa die Hälfte mehr Marantamehl als Kuzu erforderlich.

Kartoffel- und Maisstärke sind hochraffinierte Fabrikprodukte und als fast reine Stärke dem Fabrikzucker vergleichbar. Ihre Bindefähigkeit ist noch grösser als diejenige von Kuzu, und nur etwa zwei Drittel der Kuzumenge muss verwendet werden. Alle Stärkemehle müssen immer zuerst in wenig kalter Flüssigkeit aufgelöst werden. Marantamehl sollte nicht länger als 2–3 Minuten gekocht werden, da sonst seine bindende Wirkung nachlässt.

Süssmittel

Birnendicksaft, Malz, Zuckerrübensirup, Vollrohrzucker (Sucanat, Indianerzucker und Panela), Honig, Ahorn-Sirup, Datteln, Dörrobst

Diese Alternativen machen den weissen Fabrikzucker, dessen schädliche Auswirkungen auf unsere Gesundheit erwiesen sind, in der Küche überflüssig. Die heute bei uns durchschnittlich gegessene Menge weissen Zuckers von über 100 g pro Kopf und Tag voll und ganz mit einem natürlichen Süssmittel zu ersetzen, wäre allerdings eine grosse Belastung für den Geldbeutel und wenig Gewinn für unsere Gesundheit. Auch hier gilt das gleiche wie für das Öl: der höhere Preis, den wir für das natürlichere Produkt bezahlen, wird durch sparsameren Gebrauch und höheren Nährwert wettgemacht. Honig sollte wenn möglich nur in Gerichten verwendet werden, welche nicht gekocht oder gebacken werden, da durch das Erhitzen viele seiner wertvollen Bestandteile verlorengehen.

Süssmittel in Sirupform wiegt oder misst man mit Vorteil in Behältern, in welchen man vorher Öl abgemessen hat. Der klebrige Sirup löst sich dann von selbst von den Gefässwänden.

Tahin und Sesambutter

Tahin oder Tahini ist eine Paste aus feingemahlenen, geschälten Sesamsamen, die aus dem Mittleren Osten zu uns gekommen und in Bio-Läden, Reformhäusern und Spezialitätengeschäften erhältlich ist. Sesambutter unterscheidet sich insofern von Tahin, als sie aus ganzen, ungeschälten Sesamsamen hergestellt wird und daher dunkler in der Farbe und herber im Geschmack ist. Oft enthält sie noch ein wenig Meersalz.

Ob Tahin oder Sesambutter, beide liefern unraffiniertes Fett von bester Qualität, Eiweiss, Vitamine und Mineralstoffe. Sesamsamen gehören zu den besten Kalziumträgern, die man kennt.

Tamari siehe Sojasauce S.167

Teigwaren

Ich koche seit Jahren nur noch Vollkornteigwaren. Wer sich einmal an sie gewöhnt hat, findet die weissen Varianten geschmacks- und substanzlos. Übrigens, das Kochwasser von Vollkornteigwaren nie wegwerfen. Es enthält wertvolle Nährstoffe und kann die Grundlage für eine feine Suppe für den nächsten Tag bilden.

Vanille

Das echte Vanille ist die Königin unter den Gewürzen. Es ist als Schote, Pulver, Zucker und Extrakt erhältlich. Die Schote eignet sich für Speisen, welche Flüssigkeit enthalten, worin sie einige Zeit mitgekocht werden kann. Sie kann 2–3 mal ganz und ein letztes Mal der Länge nach halbiert verwendet werden. Vanillepulver ist gemahlene Vanilleschote. Ich verwende ca. 1/4 soviel wie vom Vanillezucker, dem mit Zucker vermischten Vanillepulver. Der Zucker nimmt durch die Lagerung das Vanillearoma an, wodurch dieses kostbare Gewürz gestreckt wird. Dasselbe geschieht beim Vanilleextraxt, welches mit Vanille angesetzter Alkohol ist und in der Küche gleich wie Vanillezucker verwendet wird. Vanillin ist ein synthetisches, künstliches Aroma, welches schon geschmacklich nicht in die Naturkostküche passt.

Vollkornmehl siehe Mehl S. 161

Vollrohrzucker
(Sucanat, Indianerzucker, Panela) siehe Süssmittel S. 168

Walnüsse siehe Nüsse S. 163

Weizen siehe Getreide S. 158

Zuckerrübensirup siehe Süssmittel S. 158

Tofu für spezielle Diäten

Übergewicht: Tofu ist kalorienarm und hat eine gute Sättigungswirkung. Überall, wo Fett- oder tierische Eiweissprodukte durch Tofu ersetzt werden, können Kalorien gespart werden. Geschicktes Würzen und sorgfältige Zubereitung von Tofu erleichtern das Einhalten der Diät.

Herz- und Kreislaufkrankheiten: Tofu enthält alle essentiellen Aminosäuren und stellt einen vollwertigen Ersatz für Fleisch, Fisch, Eier und Milchprodukte dar. Er ist cholesterinfrei und hat eine nachweisbar cholesterinsenkende Wirkung. Er enthält kein Kochsalz.

Leber-Galle: Tofu ist sehr verträglich. Er enthält nur 4–5% Fett. Dieses ist reich an ungesättigten und essentiellen Fettsäuren.

Magen-Darm: Tofu ist leicht verdaulich und in gekochten Speisen weder reizend noch blähend.

Diabetes und Hypoglykämie: Mit nur 2–3% z.T. nicht resorbierbaren Kohlenhydraten hat Tofu ein sehr günstiges Verhältnis von Eiweiss zu Kohlenhydraten.

Rheuma, Gicht: Tofu ist purinarm.

Milchallergie und -unverträglichkeit: Sojamilch und Tofu stellen einen gleichwertigen Ersatz für Kuhmilch dar. Sie enthalten keine Laktose.

Säuglinge und ältere Menschen, die noch nicht oder nicht mehr gut beissen und kauen können, schätzen die weiche Konsistenz von Tofu.

T+S Gesamtverzeichnis

*Liebe Leserin, lieber Leser
Sie haben sich mit einem Buch aus unserem Verlagsprogramm beschäftigt. Dafür möchten wir Ihnen danken. Unser Anliegen ist es, Themen aufzugreifen, die in irgendeiner Weise mit der Umwelt und unseren Sinnen zu tun haben. Und wir würden uns freuen, wenn wir das Alltägliche etwas aufschlüsseln und durchschaubarer machen könnten – oder eine Spur geheimnisvoller. Auf den folgenden Seiten möchten wir Ihnen weitere Titel aus unserem Angebot kurz vorstellen.*

*Ihr Tanner+Staehelin Verlag
Christian-Georg Staehelin*

Buchprogramm

Hans Knuchel und Monika Schnyder, **'Baumbuch'** (3-D, ■). Die Farbenpracht und die Vielfalt der Baumwelt sollten erhalten bleiben – Forderungen, die unbestritten sind. Mit hervorragenden Aufnahmen stellt dieses Buch 20 Laub- und Nadelbäume vor, die in Mitteleuropa heimisch sind – und dies noch plastisch und überraschend naturgetreu. Zu den optischen Eindrücken kommt ein Textteil, der wertvolle Hinweise zum Pflanzenschutz, zur Baumchirurgie und zu anderen Themen enthält. Eine Hommage an den Baum, der gewissermassen ein Schicksalsgefährte des Menschen ist.
104 Seiten, durchgehend illustriert, 41 farbige Stereofotografien, ausklappbarer Stereobetrachter, gebunden,
ISBN 3-85931-120-4, ca. sFr./DM 58.80

Jack Lee Rosenberg, **'Bewegen und erregen… oder wie man den Verstand verliert'**. Der Körper hat seine eigene Sprache, und dieses Buch hilft mit, diese besser verstehen zu lernen. Der Autor gibt Anleitungen zu Übungen, die allein oder zusammen mit einem Partner ausgeführt werden können. Verspannungen beseitigen und Verkrampfungen lösen, auf spielerische Art, und dadurch eigene Körperempfindungen besser kennenlernen: mit 'Bewegen und erregen' gelingt es.
4. Auflage, 160 Seiten, durchgehend illustriert, gebunden,
ISBN 3-85931-001-1, sFr./DM 24.80

'Coyote geht um'. Indianische Schelmengeschichten. Herausgeber *Thomas Kaiser.* Der schlitzohrige, gewiefte Sucher und Mahner in Tiergestalt spielt in vielen Kulturbereichen eine wichtige Rolle. Bei den nordamerikanischen Indianern ist es der Coyote, der antritt, die Vorteile seiner Erdverbundenheit gegenüber dem reinen Vernunftsdenken vorzuleben. Er lehrt auch uns viel, ohne belehren zu wollen.
168 Seiten, illustriert, ISBN 3-85931-070-4, sFr./DM 18.80

Johann Georg Zimmermann, 'Über die **Einsamkeit'**. (Auswahl aus der vierbändigen Ausgabe, Leipzig 1784/85). Welchen Nutzen ziehen oder welchen Schaden nehmen kann ein Mensch, der sich in die Einsamkeit zurückzieht? Eine Frage, die vor 200 Jahren aktuell war und gerade heute, wo der Einzelne immer mehr Gefahr läuft, isoliert zu werden, neue Bedeutung gewonnen hat. Zimmer-

manns Aufzeichnungen sind geprägt vom Zeitgeist des 18. Jahrhunderts, aber sie sind sinnhaltig geblieben.
168 Seiten, ISBN 3-85931-060-7, sFr./DM 18.80

Erik Jönsson, **'Fuss-Sprache'**. Der Autor macht auf verständliche Weise klar, welche Bedeutung die Füsse für unsere Gesundheit haben. Und er macht vertraut mit der Reflexzonenmassage, durch deren richtige Anwendung Stauungen und Stockungen beseitigt werden können. Das Buch enthält genaue Anleitungen in Wort und Bild und wird so zum nützlichen Ratgeber: Damit gewissermassen von den Füssen her die Ganzheitlichkeit des Körpers besser begriffen werden kann.
2. Auflage, 112 Seiten, durchgehend illustriert, gebunden,
ISBN 3-85931-075-5, sFr./DM 24.80

'Indianer-Almanach'. Herausgeber *Christa und Hans Läng*. Bis in unsere Zeit hinein wird die Vorstellung von der indianischen Kultur durch Zerrbilder und Klischees massgeblich verfälscht. Der Almanach zweier ausgewiesener Kenner der Lebensweise der Indianer in Nord-, Mittel- und Südamerika korrigiert dieses Bild. Historische Berichte, Übersichtsdarstellungen und Literaturverweise machen das Buch zu einem wertvollen Einstiegs- und Nachschlagewerk.
144 Seiten, durchgehend illustriert, ISBN 3-85931-006-2, sFr./DM 19.80

'Indianer-Kochbuch'. Herausgeber *Eva Bechtler-Vosečková und Anita Margulies-Levy*. Mögen Sie «Rühreier mit geräuchertem Lachs» oder «Grilliertes Salmsteak»? Diese Fragen können Sie Ihren Gästen stellen, wenn Sie sie mit auserlesenen, kulinarischen Spezialitäten der Indianer verwöhnen möchten. Insgesamt sind es 62 Rezepte, die über das Essvergnügen hinaus auch mit einer fremden Kultur vertrauter machen und uns daran erinnern, dass einige unserer typischen Nahrungsmittel aus Übersee stammen.
2. Auflage, 160 Seiten, durchgehend illustriert,
ISBN 3-85931-035-6, sFr./DM 19.80

Richard Kennedy, **'Karnika'**. Eine märchenhafte Geschichte in Bilderbuchform. Berichtet wird von einem wundersamen Steinfund im imaginären Königreich Karnika. Männiglich vermutet darin den Schlüssel zu schnellem Reichtum und unbeschränkter Macht. Doch das Ganze entpuppt sich als Trugschluss und wahre Schildbürgerei. *Uri Shulevitz* hat stimmungsvoll illustriert und den Text wirkungsvoll ergänzt. Das menschliche und allzumenschliche Handeln der Karnikaner wird Erwachsenen und Kindern gleichermassen Freude bereiten.
Ab 6 Jahren, 36 Seiten, mit 18 farbigen Illustrationen, gebunden,
ISBN 3-85931-105-0, sFr./DM 19.80

'Die **Kirche im Gletscher**'. Rätoromanische Sagen. Herausgeber *Peter Egloff*. Rätoromanisch gilt als die vierte Landessprache der Schweiz und wird im Kanton Graubünden von rund einem Viertel der Bevölkerung gesprochen. Die Gegend ist reich an Sagen und Legenden, die stark geprägt sind von der Gebirgslandschaft dieser Region. Mit wenigen Ausnahmen geht es in den Geschichten (erstmals in deutscher Übersetzung greifbar) um Hirten, Jäger und Einsiedler. Die Erzählungen weisen hin auf verlorengeglaubte Schätze sinnlicher, naturnaher Erfahrungen.
144 Seiten, durchgehend illustriert, ISBN 3-85931-065-8, sFr./DM 19.80

T+S Gesamtverzeichnis

Ida Hamre und Hanne Meedom, 'Das **Kleiderbuch'**. Kleider sind Bekleidung oder Verkleidung. Sie geben Aufschluss über Temperament und Geschmack der Menschen, die sie tragen. Neun einfache Grundschnitte aus verschiedenen Erdteilen werden vorgestellt und erlauben die Anfertigung nach den jeweiligen Bewegungs- und Körperbedürfnissen. Ein Arbeitsbuch also, das zudem Informationen über die Kultur des Kleidertragens mitliefert.
128 Seiten, durchgehend illustriert, gebunden,
ISBN 3-85931-010-0, sFr./DM 24.80

Erich Scheurmann, 'Der **Papalagi'**. Die Reden des Südseehäuptlings Tuiavii aus Tiavea ist zu einem Kultbuch geworden. Erich Scheurmann hat diese Aufzeichnungen bereits in den zwanziger Jahren herausgegeben, und sie haben in der liebevoll editierten Neuausgabe im Tanner+Staehelin Verlag eine Auflage von bis jetzt über einer halben Million Exemplaren erlebt. Grund genug für die Beliebtheit des Tuiavii, der mit seiner unverfälschten Optik unsere Papalagi-Welt kritisch beobachtet und kommentiert.
128 Seiten, mit Illustrationen von Maxine van Eerd-Schenk, kartoniert bzw. gebunden, ISBN 3-85931-020-8, sFr./DM 9.80 bzw. sFr./DM 24.80

Hans Knuchel, **'Reise ins Land der 3. Dimension'** (3-D, ■). Wir glauben, das dreidimensionale Sehen zu kennen, aber kennen wir es wirklich? Staunen wir nicht jedesmal wieder, wenn uns Abbildungen begegnen, die nicht platt, sondern eben plastisch, tiefgreifend erscheinen, wie im bekannten «View-Master»? Das vorliegende Buch führt bildhaft ein in die Geheimnisse der Stereoskopie und gibt Anleitungen, wie man mit einer gewöhnlichen Kleinbildkamera perfekte Aufnahmen der «3. Art» machen kann. Es leistet Pionierarbeit für den, der ein richtiges Seh-Abenteuer erleben möchte.
104 Seiten, durchgehend illustriert, 40 rasterlos gedruckte Stereofotografien, ausklappbarer Stereobetrachter, gebunden,
ISBN 3-85931-140-9, sFr./DM 48.80

Erich Scheurmann, **'Samoa gestern'**. Historisches Bildmaterial zum 'Papalagi'. Mit Aufnahmen aus der Zeit zwischen 1890 und 1918 von der Inselwelt Samoas.
128 Seiten, 44 Fotografien, kartoniert bzw. gebunden,
ISBN 3-85931-025-9 bzw. 3-85931-111-5, sFr./DM 8.80 bzw. sFr./DM 16.80

Haniel Long, 'Die **Schiffbrüche des Cabeza de Vaca'**. Die eindrückliche Geschichte eines spanischen Leutnants, der vor 400 Jahren den südamerikanischen Kontinent durchquerte: Nicht als unheilbringender Conquistador, sondern als leidender, aus Menschlichkeit gegenüber den Indios verpflichteter Europäer.
104 Seiten, ISBN 3-85931-045-3, sFr./DM 14.80

Verena Krieger, 'Die **Tofu-Küche'**. Sojabohnen, die ausflocken und eine gut mundende Speise ergeben, das ist die Grundlage der Tofu-Küche, die zuerst in Asien und immer mehr auch bei uns Fuss gefasst hat. Die Autorin sammelte rund 120 Rezepte, die zur Reise in die Welt der Tofu-Speisen verführen. Tofu ist reich an pflanzlichem Eiweiss, enthält nur wenig Fett und kein Cholesterin. Dass alle Vorspeisen, Hauptgerichte und Desserts zudem noch kalorienarm sind, wird man zusätzlich schätzen. Das Tofu-Kochbuch gibt aber auch Auskunft über die

ernährungswissenschaftliche Bedeutung und die Möglichkeiten des Anbaus von Soja und dem daraus hergestellten Tofu.
176 Seiten, durchgehend illustriert, 15 Fotografien, gebunden,
ISBN 3-85931-095-X, sFr./DM 24.80

Brigitta Klaaborg, **'Vegetarisches Kochbuch'.** Eine Mahlzeit kann auch ohne Fleisch schmackhaft und gesund sein. Skeptiker werden sich gerne überzeugen lassen, wenn zum Beispiel «Italienische Käsetaschen» oder eine «Winterfruchttorte» auf dem Tisch stehen. Die Autorin hat 99 Rezepte gesammelt und zu einem handlichen Ratgeber zusammengefasst: damit das Neue einfacher wird und vor allem der Speisezettel erweitert wird.
2. Auflage, 160 Seiten, durchgehend illustriert, gebunden,
ISBN 3-85931-040-2, sFr./DM 24.80

Karten, Kleber und Plakate

Die Bildmontage **'Babylon heute'** ist in Zusammenarbeit mit *Pierre Brauchli* entstanden. Als Vorlage dienten das Gemälde «Der Turmbau zu Babel» von Pieter Bruegel dem Älteren, 1563, Kunsthistorisches Museum Wien, und ein Ausschnitt des Kühlturms des Atomkraftwerkes Gösgen in der Schweiz (Foto: Pierre Brauchli). Das Bild ist u.a. als «Stern»-Titelbild Nr. 47/1979 erschienen.
'Babylon heute' (10 Karten), farbiger Kunstdruck,
Format: 14,8 x 10,5 cm, ISBN 3-85931-550-1, sFr./DM 9.80
'Babylon heute' (2 Kleber), farbig,
Format: 14,8 x 10,5 cm, ISBN 3-85931-561-7, sFr./DM 7.80
'Babylon heute' (1 Plakat), farbiger Kunstdruck,
Format: 48 x 68 cm, ISBN 3-85931-500-5, sFr./DM 9.80 (inkl. Kartonrolle)

Die vierseitige Poesiekarte **'Gut für den Menschen...'** ist in Zusammenarbeit mit *Pierre Brauchli* entstanden. «Es ist gut für den Menschen, seinen Kopf in den Wolken zu haben und seine Gedanken zwischen den Adlern wohnen zu lassen; aber er sollte auch daran denken, dass, je höher der Baum in den Himmel hineinwächst, desto tiefer seine Wurzeln in das Herz von Mutter Erde hineindringen müssen.» (Indianische Weisheit).
Farbiger Kunstdruck. Gleiches Motiv wie 'Babylon heute'. 14,8 x 21 cm, 3 vierseitige Poesiekarten: ISBN 3-85931-555-2, sFr./DM 6.80

Die vierseitige Poesiekarte **'Indianisches Land'** ist in Zusammenarbeit mit *Jörg Müller* entstanden. «Wir leisten nicht Widerstand, um eine Regierung zu stürzen oder politische Macht zu übernehmen, sondern weil es natürlich ist, der Ausrottung zu widerstehen, zu überleben. (Russell Means).
Farbiger Kunstdruck,
Format: 14 x 21 cm, 3 vierseit. Poesiekarten: ISBN 3-85931-580-3, sFr./DM 6.80

Das **'Papalagi'-Poster** ist eine Vergrösserung des Titelbildes vom gleichnamigen Buch, das von *Bonaventura und Maxine van Eerd-Schenk* gestaltet wurde.
Format: 40,5 x 62,0 cm, ISBN 3-85931-515-3, sFr./DM 8.80 (inkl. Kartonrolle)

Das **'Poesiekartenpaket'** enthält die vierseitige Karte 'Gut für den Menschen' von *Pierre Brauchli*, die vierseitige Karte 'Indianisches Land' von *Jörg Müller* und die achtseitige Karte 'Schlafende Kinder' von *Martin Schwarz*.
Format: ca. 21 x 14 cm;
ISBN 3-85931-525-0, alle Karten zusammen sFr./DM 9.80

Die achtseitige Poesiekarte **'Schlafende Kinder'** ist in Zusammenarbeit mit *Martin Schwarz* entstanden. Als Vorlage diente das Gemälde «Die Kinderspiele» von Pieter Bruegel dem Älteren, 1560; Kunsthistorisches Museum, Wien. Vierfarbiger Kunstdruck,
Format: 21,0 x 15,5 cm, achtseitige Poesiekarte:
ISBN 3-85931-565-X (mit Texteindruck), sFr./DM 5.80,
ISBN 3-85931-570-6 (ohne Texteindruck), sFr./DM 5.80

'Mar-Lah-Klem'-Spiel

'Mar-Lah-Klem' oder das 'Sich-erkennen-Spiel'. Herausgeber: *Claude Martingay*. Der farbenprächtige Spielplan liegt offen da, jeder Spieler erhält eine Rolle zugewiesen. Man würfelt wie beim «Mensch ärgere dich nicht», rückt vor oder lässt sich von einer seltsamen Mondmünze den Weg weisen. Man wird von einem Mitspieler angezogen und begegnet einem anderen an wundersamen Schauplätzen. Wer gewinnt ist nebensächlich. Man stellt sich einer spielerischen Herausforderung und lernt dabei die Partner besser kennen. Wenn man offen genug ist, sich zu öffnen.
Das Spiel ist für Erwachsene und Kinder ab 6 Jahren gedacht und eignet sich für 1 bis 6 Personen. Spielfläche im Format 108 x 54 cm mit 33 farbigen Abbildungen, Spielfiguren, -steine, Holzwürfel und Kupfermünze, ausführliche Spielanleitung und das Märchen von 'Mar-Lah-Klem',
ISBN 3-85931-600-1, sFr./DM 68.80

T+S-Gesamtproduktion 15. 3. 1984,
Änderungen vorbehalten,
Tanner+Staehelin Verlag,
Waserstrasse 16, CH-8029 Zürich,
Tel. 01-55 59 29